サッと作れて本格派! 鮮魚料理のすすめ

# とれたて魚で簡単ごちそうレシピ

Fresh Fish Delicious Recipe by Miura Ai

三浦愛

つり人社

はじめまして。
三浦愛です。

魚が好き、
釣りが好き、
料理が好き！

# 魚料理って自由で楽しい！

　幼少期、祖父に連れて行ってもらった小川で釣ったクチボソを祖母が佃煮にしてくれた思い出は今でも鮮明に覚えています。自分が釣った魚が食卓にのぼること。それを食べて家族で美味しいと言い合うこと。その経験が現在の私を作っています！

　大学生になり海洋生物を学ぶと魚類の奥深さと生態の面白さに目覚めました。友人たちに釣りを教えてもらい、初めて釣った小さなメジナをその場で捌いてもらい、お刺身でいただきました。新鮮さに驚き、自分でも上手く魚を捌けるようになりたいと思いました。

　左利きなので包丁を使う際、困ることもありましたが、大学での解剖の時に得た骨格の知識などを活用して自分なりに楽しみながら練習をしました。

　釣具屋のスタッフとして働くようになってからは頻繁に魚を釣って持って帰ってくるようになり、魚の扱い方で美味しさが変わることを学びました。釣ったあと、血を抜いたり氷で冷やしておくことの大切さは捌いた時の身の色などで確認することができました。

その後、もっと魚料理を楽しみたくてイタリアに料理留学に行きました。言葉の壁とレストランでの住み込みの修行は人生の中でもハードな経験でしたが、日本では得られないイタリア独特のレシピや味付けなどを学ぶことができました。

日本に帰ってきてからは静岡県焼津市に移住し、釣りや魚類で地域活性化を行なう仕事に就きました。

海や魚介類が身近にあり、食卓に魚が多くのぼるようになってから幸福度が上がった気がします。

この魚にはこんな味付けがいいかな？ こんな調理法はどうだろう？ と日々実験をしているかのように料理するのが楽しいです。

魚を捌くということ自体がなんとなく敷居が高いと思うことがあります。「こう捌かないとダメ」と強要されているわけじゃないけど、SNSでは捌いてる動画に対してよくないコメントがついているのを見かけたりします。

でもね、みんな最初から上手く捌けるわけじゃないし、たくさん失敗して上手くなっていくもんだと思います！

失敗しちゃったらそのまま焼いたり煮たりしてもいいと思います！

魚料理の楽しさは、美味しいだけでなく、その多様性や健康価値、地域性にまで広がります。この本を読んで魚料理に挑戦してみようかなと思える方が一人でも増えたら嬉しいです。

新しい発見があることを祈ります！

# 釣りに出会って人生がハッピーに！

　祖父に連れられて行った小川。振り出しの長いサオを伸ばして、細いウキとハリスに小さなハリ。そのハリには祖父特製の練りエサを付けます。
　小学校低学年の私と弟は魔法のようにクチボソを釣りあげる祖父に憧れました。スッとウキが水面から消えるのを見ては「今だー！」と興奮していました。最初はなかなか上手く掛けられずにいましたが段々と釣れるように。そんな経験が嬉しくて大学は海洋生物学科を専攻しました。周りは釣りバカばかり。

　魚類学を学ぶことも楽しかったですが、遠征釣り旅行に行くためにバイトを頑張っていた記憶が大きいです。稼いだお金で貧乏旅行に出掛け、釣ったことのない魚を釣る。そして食べる。当時はスマホもなく魚類図鑑を持ち歩いて食べられるか調べて、上手く捌けないけどみんなで感想を言い合いながら食べていました。それがとても良い思い出で、相変わらずそんなことばかりしています。
　ちなみに初めて釣具屋さんを訪れたのは大学1年生の時でした。店内には様々な種類のサ

オ、何に使うのか分からない道具が並び、イトやオモリには号数があったり……。釣りの種類によって道具を使い分けるという知識さえない私にとっては、未知の世界に飛び込んだようで、四苦八苦しながらもワクワクしながら買い物をした記憶があります。

　大学院までガッツリ魚類学を研究したのち、研究の道ではなく釣具屋スタッフになりました。私は研究室にいるよりも人と接する仕事のほうが向いていると思い、その道に進みました。そこで多くの初心者のお客様の対応をしました。自分の楽しいことを誰かに伝える仕事はとても楽しいものでした。

　釣りは多数のジャンルの中で自分に合った楽しみ方を探していくことが面白さと言えるでしょう。
　私の釣りの楽しみ方は、大学生のころから続けている「未知の魚」を釣ること。大きさよりも種類を増やしていくことに燃えています。初めて購入した「ちょい投げ竿」という初心者の方にオススメのサオで各地の堤防を釣り歩きました。その後はあちこちの海域で遊漁船に乗って船釣りを楽しんでいます。

　釣っても釣っても、まだ出会っていない、そして食べていない魚がたくさいます。だから抜け出せないのです。「永遠に幸せになりたかったら釣りを覚えなさい」という諺があるようですが、たしかに合っているなぁと思います。
「あの魚が釣りたいんだけど」
「近くの海で何が釣れる？」
　こんな質問を持って釣具屋さんに行ってみてください。もしかすると釣りが一生の趣味になるかもしれませんよ。

## Love Cooking!
## &
## Love Fishing!

魚を美味しくいただきましょう。

# 目次

002 　巻頭グラビア

## 第1章　魚料理はこんなに簡単

012 　**鮮魚料理のすすめ**
アジを例に骨格を学ぶ
ウロコ取りから三枚おろしまで
図解で学ぶ背身の切り方・腹身の切り方
塩砂糖水で締める
簡単！お刺身三品の作り方
ハサミを使って安全に調理にチャレンジ
頭の割り方
丸ごとの魚こそ味わえる『アラ』の活用法炙り方
私も愛用！揃えたら料理が快適になるグッズリスト

## 第2章　身近なところで美味しい魚を釣ってみよう

026 　**アジ**
アジのなめろう／アジの中華風タタキ／アジのエスニック風タタキ／アジの和風月見タタキ／アジのカポナータ／アジのタルタル／豆アジのフリット 野菜の爽やかなソース／アジ春巻き／アジのオムレツ

038 　**イワシ**
カタクチイワシのオイルサーディン／イワシの大葉メンチカツ／マイワシの香草パン粉焼き／イワシのフリッタータ／イワシの味噌マヨ焼き／炊飯器で簡単！骨まで食べられるイワシの生姜煮

046 　**カサゴ**
カサゴのお味噌汁／カサゴの甘辛ソース／カサゴのパエリア／カサゴのセビーチェ／カサゴのシンプルなアクアパッツァ／カサゴのリゾット

052 　**シロギス**
シロギスの天ぷら／シロギスのコロッケ／炙りシロギスの青唐辛子醤油漬け／シロギスの油淋魚

062 　**ハゼ**
ハゼの天丼／ハゼの甘露煮／ハゼの塩昆布締め 香味野菜和え／ハゼのしんじょう／ハゼの干物空揚げ

070 　**テナガエビ**
テナガエビの空揚げ／テナガエビのスイートチリソース炒め／テナガエビのトムヤンクン／テナガエビのアヒージョ／テナガエビのトマトクリームパスタ

078 　**ワカサギ**
ワカサギのコンフィ／ワカサギコンフィのカナッペ／ワカサギコンフィのパスタ／ワカサギのかき揚げ／ワカサギの柳川風／ワカサギの3色フリット／ワカサギの洋風炊き込みご飯

086 　**ニジマス**
マスのマリネ／マス南蛮／マスのチーズパイ／マスと丸ごとタマネギの炊き込みご飯／頂鱒のカンジャンヨノ（韓国風サーモン漬け）

## 第3章　海のオカッパリでこんな釣りや料理が楽しめます！

098 　**メバル**
メバルの煮付け／メバルのレモングラス蒸し／春のメバル中華風炊き込みご飯／メバルのズッパ・ディ・ペッシェ

106 　**カマス**
冷蔵庫で簡単！カマスの一夜干し／カマスの押し寿司／カマスのベッカフィーコ

112 　**メジナ**
メジナユッケ丼／メジナの塩釜焼き／メジナの柚子胡椒バター煮／メジナのライスペーパー春巻き

118 　**クロダイ・キビレ**
クロダイのラグーソースパスタ／キビレの清蒸鮮魚

122 　**サヨリ**
サヨリの手綱寿司／サヨリの酢の物

126 　**サバ・ソウダガツオ**
サバとブロッコリーのオイルパスタ／サバのグリル マッシュポテト添え／サバの蒲焼き／炙りメサバ／冷蔵庫で作る自家製塩サバ／塩サバの船場汁／ソウダガツオのなまり節／うずわ味噌

132 　**ヒラメ**
ヒラメの和風ムニエル／ヒラメの昆布締め

| 136 | **マゴチ**
マゴチのカマのスパイシー空揚げ／マゴチの生ハム ハーブソルト＆昆布茶 ver.
| 142 | **スズキ**
スズキのクリスピーフライ／スズキのイタリアンオーブン焼き／スズキのニンニクごま油香るポワレ
| 148 | **タチウオ**
タチウオの蒲焼き丼／タチウオのくるくる揚げチリマヨ／タチウオの押し寿司 牛乳パックで作る簡単 ver.
| 154 | **アオリイカ**
アオリイカの中華風カルパッチョ／アオリイカのゲソキムチ／アオリイカの肝墨焼き／アオリイカのレモンマリネ／アオリイカのアヒージョ

## 第4章　堤防で釣れる実は美味しいゲストたち

| 164 | ネンブツダイのすだち素麺
| 166 | コノシロの酢漬け炙り
| 168 | ヒイラギの丸ごと煮つけ
| 170 | ベラの甘酢あんかけ
| 172 | ヤンニョムゴンズイ
| 173 | アイゴのカレーピカタ

## 第5章　釣りと料理の世界がパッと華やぐ船釣り

| 176 | **カワハギ**
カワハギの肝和え／カワハギの生春巻き／カワハギと肝のカルパッチョ ポン酢ジュレ添え／カワハギの肝と菜の花のクリームパスタ／カワハギの堪能鍋
| 186 | **マダイ**
炊飯器で鯛めし／マダイのプッタネスカ／マダイの味噌漬けの手毬寿司／マダイの和風クリーム
| 194 | **アマダイ**
アマダイの松笠揚げ焼き／アマダイのお頭のみぞれ煮／シロアマダイのグリル 黄色いトマトソース
| 200 | **イサキ**
イサキの土佐揚げ／イサキの生ハムカナッペ

| 204 | **サワラ**
冷凍OK！ 6種のサワラ漬け焼き／サワラのグリル タマネギソース
| 208 | **ブリ**
ブリアラで作るブリフレーク／ブリの香味だれ
| 212 | **マグロ（キハダ・ビンナガ）**
キハダのタタキ お茶ジェノベーゼソース／マグロの簡単ツナ／簡単ツナのデビルドエッグ／簡単ツナのパスタ
| 220 | **マハタ**
マハタのソテー ブロッコリーソース／マハタ、ハマグリ、ケールのスパゲッティ
| 226 | **オニカサゴ**
オニカサゴのコトレッタ ケッカソース添え
| 230 | **アカムツ**
炙りアカムツとワサビの花のサラダ／アカムツの潮汁
| 234 | **アコウダイ**
アコウダイのエスニック風／アコウダイのオーブン焼き 青ネギクリーム
| 235 | **マダコ**
マダコと春菊のサラダ／マダコのルチアーナ風／マダコのガリシア風

## 第6章　こんな食材もご馳走になります！

| 247 | シラス海苔チヂミ
| 248 | 明太子とジャガイモのガレット
| 249 | サケのミルクスープ
| 250 | 赤魚のナゲット
| 251 | サクラエビの和風パスタ
| 252 | ヒイカの可愛い小イカ飯
| 253 | スナックワカメ

| 254 | あとがき
| 255 | 魚名・食材 INDEX

仕掛図イラスト　石井正弥
装丁　神谷利男デザイン株式会社

# 第1章
# 魚料理はこんなに簡単

魚料理は苦手。そんな方にこそこの本を手に取っていただきたい！
この本の中に登場するお魚の数は40種類以上。
私が自信をもっておすすめするお魚レシピは120以上ありますがどれも簡単に作れることを目指しました。
和洋中にエスニックなどなどすべてのお魚料理に通じる基礎知識を簡単にご紹介しますね。

# 鮮魚料理のすすめ

魚を釣るワクワクも最高ですが、釣った魚を味わうのも醍醐味ですよね！そんな新たな魚料理の楽しみ方にこれから皆さまを誘います！ハマったら沼（笑）。アレンジできるようになったら一生の趣味になりますよー！

## アジを例に骨格を学ぶ

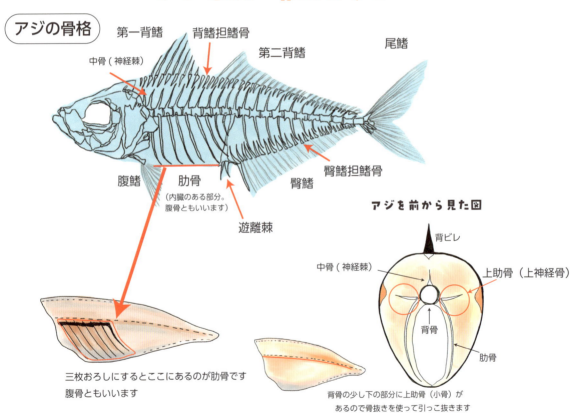

ヒレ（鰭）は筋状になっており、これを鰭条（きじょう）といいます。
硬い棘条（きょくじょう）と軟条（なんじょう）があります。棘条は固く、先端が突っており注意が必要です。
魚によっては毒のあるものもあります。軟条は弾力性があって、しなやかです。
魚の種類を同定する時に鰭条も目安になっていて、図鑑によっては掲載されています。

アジの場合
第一背鰭が 8 棘、
第二背鰭が 1 棘 30～35 軟条、
臀鰭が 3 棘 26～30 軟条

## とりあえず魚を捌いてみましょう！

まず挑戦していただきたい魚は定番のアジ。なぜアジを例にしたのかといえば、全国どこのスーパーでも手軽に手に入りやすくて食べて美味しく、そしていかにも「おさかな」という体型で骨格もわかりやすいからです。

できれば最初は20cm以上あるアジを選びましょう。そしてもしも……三枚おろしでちょっと失敗しちゃったとしてもタタキにアレンジできますから大丈夫！　だからリラックスして挑んじゃいましょ！

ちなみに今回使用したアジは30cmほど。大きなアジの捌き方になりますがサイズを問わず基本の工程は同じです。また、アジ以外の多くの魚も骨格はアジとほぼ同じですから、捌く手順も同じです。

ただし、三浦は左利きです……。
すいませんが右利きの方は脳内で反転して応用してみてください！

スーパーなどでおなじみのアジですが、釣りのターゲットとしても大人気です。手軽な堤防で昼間にも釣れますしボートに乗って夜にも釣れます

### 【下処理の手順】

①最初にウロコを取る

ウロコ取りは100円ショップで売っているものを10年以上愛用しております（笑）。アジであればウロコ取りがなくても大丈夫です

ウロコ取りがなくても包丁の背を使ってもオッケーです。ウロコが飛び散る魚にはペットボトルの蓋やスプーンなども使えます

②アジは第一背ビレや臀ビレの手前に硬いヒレである棘（きょく）があり、捌いている最中にケガをする恐れがあるのでハサミで切り取っておくとよい

背ビレもカットしておくと捌くときにケガをしにくいです

臀ビレの手前にも鋭い遊離棘があります

キッチンバサミでチョキチョキとカットしておくとあとあと安全です

③ゼイゴを取る。尾の付け根から包丁を入れ、ゼイゴをすき取るように、包丁を上下に動かしながらゼイゴを取っていく

尾の付け根のゼイゴの始まりからきっちり切り取ります

アジ亜科特有のゼイゴ（稜鱗）はフィッシュイーターから身を守る役割があるといわれています。とても硬く食べにくいので極力すべて切り取りましょう

いかにも「おさかな」という見た目のアジは魚料理を学ぶ素材としても最適です

④胸ビレの付け根から腹ビレの後ろまで包丁を入れ、頭を落とす

胸ビレの付け根から斜めに包丁を当てます

腹ビレごと頭を落とすので手順②で腹ビレはカットしなくても大丈夫です

⑤包丁またはキッチンバサミで頭の切り口から肛門までお腹を切り、内臓を出す

お腹を上にしてキッチンバサミでカットすると簡単です

脂が乗り乗りの内臓がごろんと取れました

実はこのアジは撮影前日にコマセ五目釣りで釣れたもの。胃の中からは新鮮なオキアミがたくさん出てきました

腹の内側は血管があるので指や歯ブラシを使って擦り取ります。流水でよく洗ってキッチンペーパーで水気をよく拭き取ります

⑥お腹から尾に向かって、腹ビレの上側の皮を刃先で軽く切り、切れ目（ガイドライン）を入れる。刃は立て気味にして臀ビレを支えている臀鰭担鰭骨に当たるまで刃を入れたら、さらに中骨に当てながら背骨に向かって刃を入れていく

腹ビレの上側の皮を刃先で軽く切り、切れ目（ガイドライン）を入れます

一気に切るのではなく、臀鰭担鰭骨、中骨、背骨の順に刃先でそれぞれの骨を確認しながら切り進めましょう

⑦背ビレの上側に切れ目（ガイドライン）を入れていく。頭側から尾側に向かって包丁を入れ、刃は立て気味にして背ビレを支えている背鰭担鰭骨に当たるまで刃を入れたら、さらに中骨に当てながら背骨に向かって刃を入れていく

背ビレの上側の皮を刃先で軽く切り、切れ目（ガイドライン）を入れます

一気に切るのではなく、背鰭担鰭骨、中骨、背骨の順に刃先でそれぞれの骨を確認しながら切り進めましょう

⑧刃を尾のギリギリに差し込んで尾を押さえながら背骨の上を滑らせながら身と骨を切り剥がす。裏面も同様に切って三枚おろしの完成

尾のギリギリに刃を差し込む

尾を押さえながら背骨の上に歯を滑らせながら身と骨を切り剥がします

二枚おろしの状態

裏面も同様に身と骨を切り離して三枚おろしの完成

⑨肋骨（腹骨）部分に包丁の刃を寝かし入れ、身ごとすき取る

並んだ肋骨（腹骨ともいう）を掬いとるように歯を寝かし入れます

腹身ごと肋骨をすき取ります。残った片身も同様にそぎ取ります

スーパーで買ったアジもいいですが、自分で釣ったアジで作った料理はさらに美味しくなります！

⑩背骨があった部分（血合の部分）に指をすべらせ、骨（上肋骨）を見つけたら、骨抜きで抜き取る

骨は真っ直ぐ上よりも少し角度をつけて斜め方向に抜いたほうが楽ですので試してみてください

片身で10本以上の上肋骨（図参照）を抜きました

⑪皮を引く。包丁でも皮は引けるが、アジは手で剥がすほうが簡単。頭のほうから皮と身の間に指を入れてゆっくりと剥がしていく

頭のほうから皮と身の間に指を入れます

ゆっくりと丁寧に皮を剥がしていきます。特に薄い腹身の部分は身が皮に残りやすいので慎重に！

左手をしっかり添えてゼイゴの上下までしっかり皮を剥ぎます。これで下処理は完成

上身・・・頭を左に、お腹を下にして置いた時、表になる身

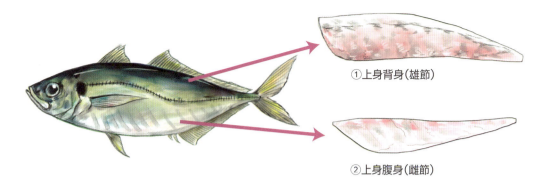

①上身背身（雄節）
②上身腹身（雌節）

下身・・・頭を左に、お腹を下にして置いた時、裏になる身

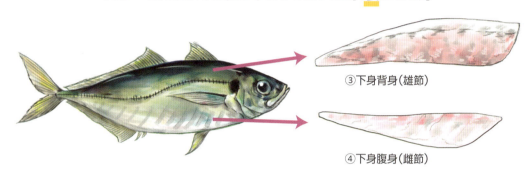

③下身背身（雄節）
④下身腹身（雌節）

[刺身の切り方] 小さいものは背身（雄節）と腹身（雄節）を切り離さない

平造り

上身　・皮目を表に置く　・頭側が左　　　　下身　・皮目を表に置く　・頭側が右

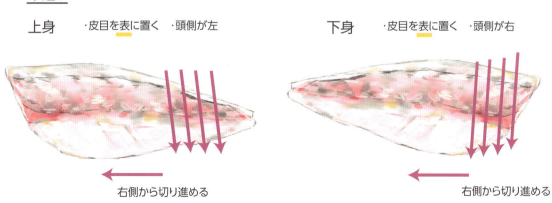

右側から切り進める　　　　　　　　　　　　　右側から切り進める

●左利きは左から切る

17

**刺身の切り方** 背身　背身は厚さがあるので平造りにしてみよう！
（薄かったり小さいものはそぎ切りでも◯）

・皮目を<u>表</u>に置く　・背骨の側（身が厚い方）を奥側におく

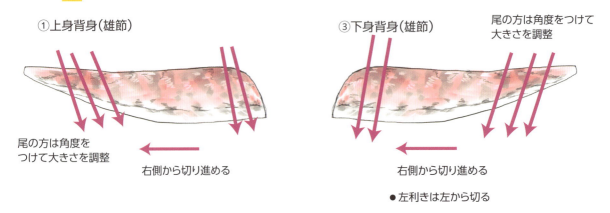

**刺身の切り方** 腹身　腹身は薄いのでそぎ切りにしてみよう！

・皮目を<u>下</u>に置く　・背骨の側（身が厚い方）を奥側におく

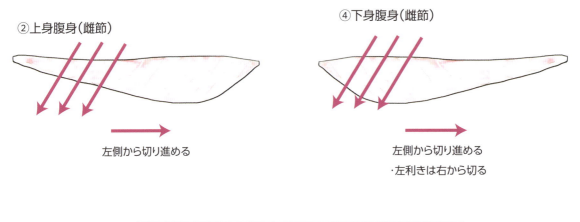

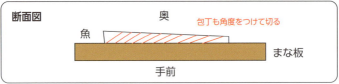

## 塩砂糖水で締める

16ページの手順⑪までで基本の下処理は終了ですが、ここから身の余分な水分を抜くための塩水処理のひと手間を加えるとさらに美味しくなります。ただし、塩だけだと身がしょっぱくなりがちです。そこで、塩に加えて砂糖も入れることでそれを防ぎながら余分な水分をしっかり抜くことができます。余分な水分のみならず残ったウロコや汚れも取れるのでアジ以外でもぜひお試しください。

小さなアジの場合は、5〜10分ほど浸けておけばOKです。浸けすぎると砂糖を入れていてもしょっぱくなります。浸けておく際は氷を入れるか冷蔵庫に入れましょう。

ぜひ塩水処理と塩砂糖の両方をお試しください！

### 【手順】

①分量は水100mlに対して砂糖3g、塩3g

②砂糖と塩がしっかりと溶け込むまでよくかき混ぜます

③浸ける間は氷を入れるか冷蔵庫で冷やしましょう

④5〜10分したら身を取り出しクッキングペーパーなどで水分を拭き取ります。水分に浸けて水分を抜くというのが実感しにくいですが、身が確実に締まります

---

## 簡単！お刺身三品の作り方

今回のように大きめのアジをお刺身にするなら雄節と雌節に切り分けるのがおすすめです。ここでは最もポピュラーな削ぎ切り、食感が楽しく醤油の乗りもいい鹿の子切り、お刺身の切れ端を使った漬けの3種類をご紹介します。

### 【そぎ切り】

### 【鹿の子切り】

### 【漬け】

三枚おろしにした片身の上肋骨を抜いた辺りで上下に切り分けます。背身が雄節、腹身が雌節です

皮側へ斜めに格子状の切れ目を入れます

お刺身または残った切れ端をボールに入れ細かく切ったネギ、醤油、みりん、ごま油を大さじ1ずつ加えます

皮目を下にして包丁を斜めに入れて切ります

少し包丁を寝かせて美しい鹿の子模様が見えるように切ります

よく混ぜ合わせたら冷蔵庫で15分ほど寝かせれば完成！

# ハサミを使って安全に調理にチャレンジ

魚を捌くのは包丁と決めつけなくてもいいですよ。特に出刃包丁や柳刃包丁などはないご家庭も多いでしょう。
万能包丁1本ではちょっと難しい……。そんな部分はキッチンバサミを利用することで難易度をぐっと下げることができます。ぜひ活用してみてください！

私の愛用しているキッチンバサミはオールステンレス製のヴェルダンキッチンハサミ2。錆びないし、分解して洗えるので清潔に保てます

## 【用途①硬いヒレや棘を落とす】

背鰭や魚によっては腹鰭や、臀鰭にも棘があるので調理に夢中になって刺さないよう先に切っておきます。

身を捌いていくときに手が刺さるのを防ぐため、鋭いヒレには先に切っておきましょう

これで安心。この作業もキッチンバサミなら楽々です

## 【用途②腹を開く】

お腹もハサミを入れて広げるとスムーズに作業ができて安全です。

肛門側から腹ビレに向かって切り進めるだけ

## 【用途③頭を落とす】

とても骨が硬い部位なので難易度は高いですがハサミならスムーズ！

①腹ビレのすぐ後ろからハサミを入れます

身を捌いていくときに手が刺さるのを防ぐため、鋭いヒレは先に切っておきましょう

②片身ずつ切ります。腹ビレから胸ビレの後ろに向かって切り進めます

腹ビレのすぐ後ろからハサミを入れて胸ビレの後ろに向かって切り進めます

③エラの後ろを切りながら頭の後ろの身を切っていくと背骨が見えます。背骨と背骨の間には筋があります。凹んでいる部分は骨の中心なので切れません。出っ張っている節の部分にハサミを入れると簡単に切れます

背骨は残したまま身の上まで切り進めます

切った部分を開くと背骨が見えます。背骨の凹んでいる部分は硬くて切れませんが、出っ張っている節の部分にハサミを入れると簡単に切れます

④カマの部分もハサミで切れます。アラを活用する場合はエラもハサミで切りましょう

美味しいカマの部分もハサミで切れます。アラを活用する場合はエラもハサミで切りましょう

## 頭の割り方

魚の頭は硬いので出刃包丁などの重くて強いものを使うと割りやすいです。
出刃がないときは包丁の刃先でなく元のほうで切ってください。

頭を立てて置きます。手前に頭側が来るように置いて前歯の間に包丁を入れます

最後までストンと落としたら開いた状態に。残った口のアゴ側も切り落とします

包丁の背の部分をトントンと叩くと刃が入っていきます。まっすぐ降ろすのがコツ

きれいな真っ二つになりました！どこかでスッと刃が入る場所がありますので、力で無理にやろうとすると危険です。包丁の背をトントンと叩くだけでOKです

## 丸ごとの魚こそ味わえる『アラ』の活用法

**アラ料理は下記も参照**
→ アマダイの頭のみぞれ煮
→ ブリアラで作るブリフレーク etc.

魚は骨の周りの肉が一番旨いとはよく言われる話ですが、本当にいい出汁が取れます。余すことなく味わいましょう！
コツは下処理をしっかりすること。すると臭みがなく上品なアラを味わうことができます。

濾した出汁も美味しいですが、アラには頬肉や頭肉、カマの部分に美味しい身がたっぷりは入っているのでそのままアラ汁にしたり、アラ煮にするのもおすすめです！

魚のアラになる部分頭、カマ、ヒレ、中骨、尾です。皮も美味しいアラに含まれます

冷水でよく洗い流し、ウロコや血合をよく取り除きましょう。さらにグリルで焼いて焦げない程度に焼き色をつけてあげるとさらに美味しくなります

スープだけ使用する時は濾して使ってください。アラ汁にするときはこちらも美味しくいただきましょう

鍋に魚のアラとひたひたの水を加えて中火にかけ、沸騰したらアクを取ります

旨味たっぷりの上品な出汁が取れました！

塩をまんべんなく振り、熱湯をかけるか熱湯に潜らせて霜降りにします

弱火で15分煮たら完成

シロアマダイやアカムツのアラが大量にあるときは、長時間強火で煮ると濃厚な白湯スープになります。臭み消しに長ネギも入れて白濁したら濾して完成。このスープでラーメン作ると最高です！

# 炙り方

### 魚の皮と身の間には旨さが詰まっている！

　魚は皮を引くのが難しい、なんて思っている方は、それなら皮も美味しく食べれる炙り刺しにしてみましょう。魚の表面を炙るとたちまち贅沢な逸品に変身します！私も回転寿司では炙ってある寿司を取りがちです（笑）。

　そんな炙り刺しは、バーナーがあれば簡単にご家庭でもできちゃいます。バーナーはお近くのホームセンターやアウトドアショップで購入できます。

　炙る際は必ず耐熱容器の上で炙りましょう。プラスチック製や木製のお皿は焦げたり燃えたりして危険です。直火OKの表示があるものがおススメ。あとはバットの上で炙るもよし。

　私の炙りにおすすめの魚はマダイ、イトヨリ、イサキ、サワラ、アカムツ、イサキ、サバ、キンメ、タチウオなどですが、いろいろな魚の皮目や表面を炙ってみたら新しい味の発見があるかもしれませんよ！

### 炙ってから切る？　切ってから炙る？

　どちらが先でもオッケーです。ただ、炙ると皮が柔らかくなる魚も多いので、信頼できる切れる包丁がなければ切ってから炙るようにしたほうが無難です。切る前に炙る場合は皮目に切れ込みを入れておくと身が丸まりにくくなります。

### 炙る前に塩を振る

　塩を振ってから炙ると旨みが一層引き立ちます。炙る目安は皮目にコゲ目が軽く付く程度。皮が固い魚はしっかりと炙ったほうが食べやすくなります。ジュワジュワと美味しい音と匂いがしてきたらストップ。あまり当てすぎると焼き魚になります（笑）。身が白くならない程度で止めましょう。

アカムツの炙り

炙り締めサバ

コノシロの炙り

キンメダイの炙りカルパッチョ

カツオのタタキ

バーナーはガスボンベに装着するタイプがおすすめ

切る前に炙る場合は皮目に切れ込みを入れておくと身が丸まりにくくなります

炙ったあとは冷蔵庫で冷まして熱を取ります

炙るとますますレモンと合います！

# 私も愛用！
# 揃えたら料理が快適になるグッズリスト

**三徳包丁**
野菜もお肉も普段使いしている包丁。大物でなければ三徳包丁でも充分に使えます。魚の頭を落としたり、硬い魚を切るのは刃こぼれするので出刃包丁に頼りましょう

**出刃包丁**
刃が厚く重さがあるのが出刃包丁。刃渡りは15cmほどのものが使いやすいと思います。私は左利き専用の片刃を使用しています

**柳刃包丁**
長く細い刃が特徴です。これにより、引き切り動作で滑らかできれいな切り口の刺身を作ることができます。刃渡り27cmを愛用しています

**ペティナイフ**
小アジやキスなどの小魚を捌く時に用いています。刃先が細いので細かい作業に適しています。刃渡りは12cmのものを愛用しています

**まな板**
厚みがしっかりとある木のまな板は、包丁へのあたりの柔らかさがポイントで歯こぼれするリスクが減ります。水に濡らしてから使うと匂いや脂が染み込みにくくなります。亀の子タワシで擦って汚れをしっかりと落としたら水分を拭き取って保管します。傷や黒ずみが出てきても削り直しをすれば長く使うことができます

**ウロコ取り**
100円ショップで購入したものを15年ほど愛用しています。身が柔らかい魚は包丁の背で剥ぎ取るのもおすすめ。ペットボトルの蓋、スプーンなどでも代用可能。また、ヒラメやブリなど細かいウロコや滑りをもつ魚の表面は金たわしで擦り取りましょう。ウロコ取りは大きめのゴミ袋の中で行なうと飛び散りません。

**キッチンバサミ**
釣り場にも持っていき、魚が釣れたら血抜きをしたりその場でエラを切ったり内臓を出すのにも重宝します。持ち帰ったらヒレやお腹を裂くなど安全に楽に魚を捌けます。これがないと不安になるほどの万能アイテムです

**骨抜き**
魚料理には欠かせないアイテムです。つまむところが斜めになっているものやプライヤータイプのものなど種類が豊富なので自分の手に馴染む大きさのものを選んでください

**バット**
ステンレスのものが錆びにくく清潔に保てます。急速に魚を冷やしたい時もバットに乗せて冷蔵庫や冷凍庫に入れると熱伝導が早いので便利です

**ボール**
塩砂糖氷水を作ったり、一旦あらを入れておいたり。ボールは二つほど出しておくと便利です

**キッチンペーパー**
魚の水分を拭き取ったり、血や汚れを拭き取る際の必須アイテム。汚れた手でも取りやすいところに設置しておきましょう

# 第2章
## 身近なところで美味しい魚を釣ってみよう

私は魚が大好きです。
私は釣りが大好きです。
**私は釣ったお魚を料理して美味しくいただく**ことが何よりも大好きです。
ここでは、釣りのビギナーの方でも比較的簡単に釣ることができる海・川・湖のお魚と料理を紹介します。
もちろんスーパーマーケットや鮮魚店で購入したお魚を使っても問題ありません！

## さかな豆知識
sakana mame chishiki

# アジ

### 分布
北海道全沿岸から九州南岸までの日本海・東シナ海・太平洋沿岸、瀬戸内海、東シナ海大陸棚域に分布。

### 大きさ
水揚げされて流通するのは30cm前後が多いが、50cm以上に達するものもいる。

### 釣期
エリアによって盛期は大きく異なるがほぼ周辺釣れる。小型は夏に接岸して数が釣れ、良型は冬に釣れることが多い。

| 1 | 2 | 3 | 4 | 5 | 6 | 7 | 8 | 9 | 10 | 11 | 12 |
|---|---|---|---|---|---|---|---|---|----|----|----|

### 棲んでいる場所
沿岸から大陸棚域を含む沖合の中・底層に棲む。

日本全国の漁港や堤防でねらえも美味しい人気者といえばアジ。る派にとってなくてはならない

## アジを釣ってみよう

### ウキフカセ/サビキ釣り

**ワンポイント** 釣ってよし、食べてよしのアジは、堤防などで気軽にねらえます。ただし回遊魚なので、群れが入っているかどうかは事前にチェックしておきましょう。特に、足もとをねらうこの釣りでは群れがいないと釣りにならないので、群れが寄っているタイミングに行くことが大切です！

**エサ・擬似餌** オキアミ、アミエビなど。

ノベザオ 硬調 4.5〜5.2m
ミチイト 1〜1.2号
小型電気ウキ
浮力調整用ガン玉
ハリス 0.6〜0.8号 30〜50cm
ハリ 袖6〜8号

磯ザオ1号 5.3m
アウトガイド インターライン どちらでも可
ミチイト 2号
ヨリモドシ
寄せエサ袋
市販のサビキ仕掛け
スピニングリール 2500番台
ナス型オモリ 2号前後

市販サビキは種類も豊富なので最寄りの釣具店で釣れているタイプやサイズを聞いて購入するのが一番

サビキ仕掛けの上または下にコマセカゴをセットしてアミコマセと仕掛けが同調するようにします

この鈴なりがサビキ釣りの魅力。アジ以外にも小サバやイワシが一緒に釣れることも

アジは手のひらサイズが堤防でサビキ仕掛けに釣れ盛りますが、40cm超えの大型もねらえます。船から深場をねらうと50cm以上にもなり大迫力です

て、食べて
釣って食べ
存在です！

**マアジ**
スズキ目スズキ亜目アジ科マアジ属。アジと名が付く魚は多いものの、一般に釣り人がアジと呼んでいるのはほぼこのマアジです。体高が低く背部が黒っぽい沖合回遊群の「クロアジ型」と、体高が高く黄色みが強い瀬つき群の「キアジ型」が知られます。

### 生活史

日本周辺には、生活圏を異にするいくつかの系群が存在する。最大の対馬暖流系群は、台湾北方の東シナ海から九州北西岸を経て日本海沿岸（富山湾）までの広域で産卵する。太平洋系群は、東シナ海で産卵するものと九州南岸から相模湾に至る太平洋沿岸で産卵するものがある。産卵期は南ほど早く（1～4月）、北ほど遅い（5～8月）。卵や稚仔魚は黒潮と対馬暖流によって運ばれ、5～8cmで着底する。

成長は系群ごとに異なるが、平均すると1歳で18cm、2歳で25cm、3歳で29cm、4歳で33cm、5歳で36cmになり、2歳で半数が、3歳ですべてが成熟する。1歳魚以上は、春夏にエサを求めて北上し、秋冬に越冬と産卵のために南下する。

### 特徴

稜鱗（ゼイゴ）は大きく側線全体にわたって発達し、小離ヒレはない。背部が黒っぽい沖合回遊群の「クロアジ型」と、黄色みが強い瀬つき群の「キアジ型」が知られる。漁獲量は前者が圧倒的に多いが、後者のほうが美味。豊後水道の「関アジ」に代表されるキアジ型のブランド化が各地で進められている。主に動物プランクトンや甲殻類、仔稚魚、多毛類などを食べる。

### 主な釣り方

群れが接岸している時は、堤防などからサビキ釣り、ウキ釣り、ルアー釣りでねらえる。近年は、小型のワームを使った「アジング」の人気が急上昇中で、専用のタックルも充実の一途。沖釣りでも一年中楽しめる人気魚種で、ビシ釣り、ウイリー釣りなどでねらう。

## アジング

ミチイト
PE0.2号前後
or
エステル
0.3～0.4号

ロッド
アジング専用
7フィート前後

リーダー
フロロカーボン1号
20～30cm

ワーム
2インチ

ジグヘッド
1～2g

リール
スピニングリール
1000～2000番

**ワンポイント** まず覚えたいスタイルは「ジグ単」と呼ばれるジグヘッドにワームをセットしたシンプルな釣法。魚の好む自然な動きを演出しやすく、アタリも出やすい。なんといっても扱いやすいというメリットがあります。標準的な重さは1～2g。軽いほうがナチュラルですが、潮が速い時は重くしましょう。ラインは、近年はナイロンよりも伸びが少なく、フロロカーボンより軽いエステルを使う人が増えています。その際は直結せずに先端に15cmほどリーダーを結びます。

**エサ・擬似餌** ルアー（ワーム）。

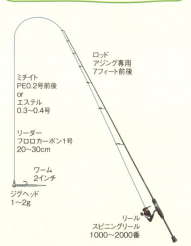

ジグ単と呼ばれるジグヘッド＋ワームのシンプルな仕掛けを多用します

上アゴの真ん中の硬い部分にフッキングが決まればバラシにくい！

ラインは悩みどころ。現在は感度を重視してエステルの0.3～0.4号を使う人が多いが0.2号以下の細いPEラインを使う人も少なくありません

# サビキからルアーまで。手軽にアジを釣ってみよう!

潮通しのよい釣り公園などでは人気ナンバーワンのターゲットはアジであることが多いです。アミコマセをハリにこすり付けるトリックサビキは万能仕掛け

オモリとコマセカゴが一体になったものは仕掛けの下にセットします。アミコマセは冷凍ブロックのほか最近は手に付いても嫌な生臭さがしないフルーティーな香りのアミコマセもあります

群れが来たら一気に手返しよく数を伸ばしましょう

足もとに落とすだけで鈴なりが期待できます!

さらに沖を回遊しているようなら遠投カゴと専用の遠投ウキを使った遠投カゴ釣りが有利ですが難易度は高めです

　アジはサビキ釣りのほか、ルアー釣り『アジング』もめちゃめちゃ人気です。私はおもに夏の夜に、近所の浜名湖へ釣り散歩にきます。大荷物が要らず、ライトなロッドとリールと小さいバッグにワームと仕掛け、そしてアジを入れる小さなクーラーボックスがあればOKなので本当にお手軽で、まさに港を散歩しながら美味しいアジをねらっています。ルアーならエサと違って生ものではないのでいつでも釣りに行け、ちょこっと漁港で遊ぶのに最適です。

　オモリとハリが一体になったジグヘッドにワームをセットします。ねらうアジのサイズによってジグヘッドの重さを変えます。アジが15cm以下と小さそうなのでジグヘッドは0.2〜0.6gと極めて軽いものを準備。こうした1g以下の極小ジグヘッドを投げるにはアジング専用のロッドがマッチします。

　ワームは長さが1.5〜2in(3.81

黄色みが強い瀬つき群の「キアジ型」は美味！

海水バケツにたくさんのアジを入れると酸欠で弱って死んでしまいます。美味しく持ち帰るならこまめにクーラーボックスに移し替えましょう

アジングは夏の夜の散歩のついでに楽しめちゃいます

〜5.08cm）でクリアカラーにキラキラとしたラメが入っているものなどをローテーションしました。ちなみにワームなどのルアーは欧米発祥のため、長さはセンチではなくインチ、重さはグラムではなくオンスで表示されていることも多いです。

近所の浜名湖には多彩な釣りポイントがありますが、夜は常夜灯周りで活性が高いアジが釣れますので、それをヒントにポイントを決めます。

常夜灯に集まるシラスなどの小魚をねらってそれをエサとするアジやスズキなどの魚がパシャパシャと水面でライズするのが見えます。

ワームを投げて着水したら5秒程度沈ませ、ゆっくりリールを巻きます。巻きながらティップ（サオ先）を軽く動かしてワームに動きを付けたりしながらアジにアピールしま

す。すると小気味よい魚のアタリがロッドから手に伝わります。

アジは口が軟らかいのでバレやすいですが、上顎の真ん中の硬い部分にフッキングが決まればバレにくいです。丁寧に一定の速度でリールを巻いて寄せましょう。

時間によってアジの活性がコロコロと変わるので潮が動いている時間に来ることも釣果アップの秘訣です。釣れなくなったら釣れるところを探し求めて散歩を続けます。

アジはただ巻きでも釣れますが、ロッドでチョンチョンと動かし、そのフォール（落下）中にパクっと

吸い込むように食べることが多いです。ここでアタリを感じたら小さく鋭くアワセを入れられるようになると数が釣れるようになります。

地域によっては秋が深まって水温が下がる冬が最盛期になり、冬は特に小さなアタリを察知してアワセを入れるシビアな釣りになっていきます。

私がよく行く浜名湖の入り口にある新居海釣り公園では大型のアジが回遊してくる時期がありまして、夜釣りで尺アジと呼ばれる30cm以上の大型アジが連発する日もあります。そのタイミングが夏の初

ただ巻いてくるのではなく、チョンチョンとロッドを動かしながらルアーをフォールさせたときに食わせて、瞬時にアワセを入れると上アゴにしっかりハリ掛かりします

29

めと冬なんです。

　アジは光に集まる習性（光走性）があるので集魚灯で辺りを照らすとスッと光の中を通るアジらしきシルエットが確認できました。この日はラメの入ったブルーのストレートワームが大当たりでした！

　浜名湖は潮の見極めが大事で、時間を見誤ると潮が川の激流のような流れになるため釣りになりません。潮の上げ始めまたは上げ止まりの潮が比較的緩い時間がねらいめです。

マアジもこの大きさになるととってもよく引きます！

エリアによって異なりますが夏の初めと冬にアジングの好機がやって来ます

　時合が来るとアタリが連発しますが、掛け損なったり、雑にやり取りをすると口切れでバラしたり、大きいのでラインを切られてしまうので慎重に！

　最近ではこのバチコン（バーチカルコンタクトの略）と呼ばれる船からのアジングも人気ですが、ここ浜名湖では潮の流れが速すぎる場合はオモリを重くできるバチコン仕掛けで釣果を出している人もいますので試してみる価値はありますよ！また、日によってはタチウオが釣れることもあるのでご注意を！

30cm超えの尺アジは迫力があります！

レシピ 01

# アジのなめろう

アジといえばなめろうというほどポピュラー。その名のとおりなめらかな舌触りになるように細かく叩きましょう。砂糖をひとつまみ入れることで味が決まります！

## 《材料 2人前》

| | |
|---|---|
| 25cm前後のアジ | 1尾 |
| あわせ味噌 | 大さじ1 |
| 生姜チューブ | 1cm |
| ごま | 少々 |
| 大葉 | 1枚 |
| 砂糖 | ひとつまみ |
| 醤油 | 小さじ1/2 |
| 小ネギ | 適量 |

## 《手順》

1. アジはゼイゴをすき取り、三枚おろしにして腹骨をすく。骨抜きで上肋骨を抜いたら皮を引き、細切りにしておく

2. アジに味噌、生姜、ゴマ、刻んだ大葉、砂糖を合わせて包丁で細かくなるまで叩き切る。味を見ながら醤油を加える

3. お皿に盛り付けて刻んだネギを乗せて完成

## アジの中華風タタキ

アジのタタキはいろんな国の調味料で楽しめます。
まずはしびれるような辛さがヤミツキになる中華風！

レシピ02

《材料 2人前》

| | | | |
|---|---|---|---|
| 25cm前後のアジ | 1尾 | オイスターソース | 小さじ1/2 |
| ネギ | 適量 | 砂糖 | ひとつまみ |
| 花椒油 | 小さじ1/2 | ゴマ | ひとつまみ |
| （サラダ油でも可） | | 生姜チューブ | 5mm分 |
| 花椒パウダー | 小さじ1/2 | 醤油 | 少々 |

《手順》

1. アジはゼイゴをすき取り、三枚おろしにして腹骨をすく。骨抜きで上肋骨を抜いたら皮を引き、5mmくらいの角切りにしておく
2. ネギは細切りにして水にさらしておく
3. 花椒油、花椒パウダー、オイスターソース、砂糖、ゴマ、生姜を合わせ、そこにアジを入れ混ぜ合わせる。醤油で味を整える
4. 盛り付けて白ネギを乗せたら完成

---

## アジのエスニック風タタキ

パクチー、ナッツ、ナンプラー、レモン汁などなど東南アジアの定番の味とアジの融合はオツマミに最高！

レシピ03

《材料 2人前》

| | | | |
|---|---|---|---|
| 25cm前後のアジ | 1尾 | 砂糖 | ひとつまみ |
| ナッツ | 大さじ1/2 | ナンプラー | 小さじ1 |
| パクチーの根っこ | 1本 | レモン汁 | 小さじ1 |
| 紫タマネギ | 1/8個 | ニンニク | 1/2片 |
| 唐辛子 | 1/2を輪切り | | |

《手順》

1. アジはゼイゴをすき取り、三枚おろしにして腹骨をすく。骨抜きで上肋骨を抜いたら皮を引き、5mmくらいの角切りにしておく
2. 紫タマネギはスライスし、10分ほど水にさらし、キッチンペーパーで水気をしっかりと切る
3. パクチーの根はみじん切り、唐辛子は輪切り、ナッツは刻む
4. ボールにレモン汁、ナンプラー、砂糖、ニンニクのすりおろしを入れて軽く混ぜたら、アジと②③の材料を加えて混ぜ合わせる
5. 盛り付けて完成！

---

## アジの和風月見タタキ

本家ともいえる和風のタタキもひと工夫加えて
卵黄を乗せると濃厚な味わいに！

レシピ04

《材料 2人前》

| | | | |
|---|---|---|---|
| 25cm前後のアジ | 1尾 | ゴマ | ひとつまみ |
| 生姜チューブ | 5mm分 | 塩 | 少々 |
| ミョウガ | 1個 | 卵黄 | 1個 |
| 大葉 | 1枚 | めんつゆ | 卵黄が浸る程度 |
| カイワレダイコン | 1/4束 | （濃縮タイプ） | |

《手順》

1. アジはゼイゴをすき取り、三枚おろしにして腹骨をすく。骨抜きで上肋骨を抜いたら皮を引き、5mmくらいの角切りにしておく
2. 小さめの容器に卵黄を割らないように入れたらめんつゆに浸し、冷蔵庫で1日以上寝かせる
3. 大葉、ミョウガは千切りに。カイワレダイコンは根元を切り、長さを半分に切る
4. ボールにアジと③の材料、生姜、塩を入れて混ぜ合わせる。
5. お皿に盛り付け、卵黄、ゴマを乗せたら完成！

レシピ05

# アジのカポナータ

カポナータはシチリア島およびナポリの郷土料理で夏野菜をたっぷりと味わえる炒め煮。実はアジとの相性も抜群なのです！

《手順》

1 アジはゼイゴをすき取り、三枚おろしにして腹骨をすく。骨抜きで上肋骨を抜いたら、食べやすい大きさに切る

2 片栗粉をアジ全体にまぶす

3 フライパンにオリーブオイルを引きアジをカリッとするまで焼いたら取り出しておく

4 タマネギ、ナス、ズッキーニ、パプリカを2cm角程度に切る。ニンニクはみじん切り

5 フライパンにオリーブオイルとニンニクを入れ、弱火で加熱し、香りが出たら、②で切った野菜、塩、砂糖を加え、中火で炒める

6 野菜に火が通ったらトマトピューレを加えてひと煮立ちさせる

7 火を止め、アジを合わせ、皿に盛り付け、胡椒と仕上げのオリーブオイルを加え混ぜる

《材料1人前》

| | |
|---|---|
| 20cm前後のアジ | 4尾 |
| タマネギ | 1/2個 |
| 黄パプリカ | 1/2個 |
| ズッキーニ | 1/2本 |
| ナス | 1/2個 |
| トマトピューレ | 50g |
| ニンニク | 1片 |
| オリーブオイル | 適量 |
| 塩・胡椒 | 適量 |
| 砂糖 | 大さじ1 |
| 片栗粉 | 適量 |

Love Cooking!

レシピ06

# アジのタルタル

アジのみじん切りとフランスパンがどのような化学反応を見せるのでしょう。ぜひその舌でお試しあれ！

《材料1人前》

| | |
|---|---|
| 20cm前後のアジ | 4尾 |
| ミニトマト | 3個 |
| パセリ | 適量 |
| 塩・胡椒 | 適量 |
| オリーブオイル | 適量 |
| フランスパン | 適量 |

《手順》

1. アジはゼイゴをすき取り、三枚おろしにして腹骨をすく。骨抜きで上肋骨を抜いたら皮を引き、みじん切りにする
2. ミニトマトは4欠片に切りボールでアジと混ぜる
3. パセリと塩・胡椒、オリーブオイルで味付けをして盛り付ける（写真はセルクル型を使用）
4. 焼いたフランスパンを添えて完成

レシピ 07

# 豆アジのフリット 野菜の爽やかなソース

豆アジの揚げ物といえば南蛮漬けが定番ですが、洋風のこちらはさらにヘルシー！

《材料 1 人前》

| | |
|---|---|
| 豆アジ | 10 尾 |
| 小麦粉 | 適量 |
| キュウリ | 1/2 本 |
| ダイコン | 1/6 本 |
| 赤パプリカ | 1/2 個 |
| 黄パプリカ | 1/2 個 |
| ニンジン | 1/2 本 |
| 酢 | 大さじ 1 |
| オリーブオイル | 大さじ 1 |
| 塩・胡椒 | 適量 |

《手順》

1 アジは腹ビレ、胸ビレ、内臓、エラを取り、塩をまぶして擦り洗いし、ヌメリとウロコを取る

2 水気を取り、小麦粉をまぶして 180℃の油で揚げる

3 一度取り出して油の温度を上げ、骨まで食べられるように 2 度揚げする

4 キュウリ、ダイコン、ニンジン、赤黄パプリカは 5mm 角に切る

5 切った野菜にオリーブオイル、酢、塩・胡椒で味付けをし、揚げたアジと絡めて完成

レシピ08

# アジ春巻き

巻いてしまえば冷凍保存も可能なのでたくさん釣れたときに便利！ 冷凍の場合は150℃からゆっくり揚げ始め、170℃に温度を上げて揚げればばっちり。酢醤油とカラシでお召し上がりください。

《材料2本分》

| 春巻きの皮 | 2枚 |
| --- | --- |
| アジ（25cm程度） | 1/2尾 |
| ガリ | 10g 刻む |
| 大葉 | 2枚 |
| 塩・胡椒 | 少々 |
| 揚げ油 | 適量 |
| 小麦粉 | 大さじ1/2 |
| 水 | 大さじ1/2 |
| 酢 | 適量 |
| 醤油 | 適量 |
| カラシ | 適量 |

《手順》

1. アジはゼイゴをすき取り、三枚おろしにして腹骨をすく。骨抜きで上肋骨を抜いたら皮を引き、食べやすい大きさに切る

2. 春巻きの皮に大葉、ガリ、アジの順に乗せ、塩・胡椒を振る

3. 具材を細く長く乗せたら皮を巻く。小麦粉と水を合わせて糊付けする

4. 170℃に熱した油でキツネ色になるまで揚げる

レシピ 09

# アジのオムレツ

ふわっふわのアジと卵がベストマッチ！　そのままでもいけますが、お好みでスイートチリソースでお召し上がりくださいませ♪

《材料 2 人前》

| | |
|---|---|
| 25㎝前後のアジ | 1/2 尾 |
| 油 | 大さじ 5 |
| 卵 | 2 個 |
| 塩・胡椒 | 少々 |
| ナンプラー | 小さじ 1/2 |
| タマネギ | 1/8 個 |
| パクチー | 1 束 |

《手順》

1 アジはゼイゴをすき取り、三枚おろしにして腹骨をすく。骨抜きで上肋骨を抜いたら皮を引き、食べやすい大きさに切る

2 卵をよく溶き、みじん切りにしたタマネギとアジを混ぜる。塩・胡椒、ナンプラーで味付け

3 油を入れてよく熱したフライパンに少しずつ卵液を流し込む

4 外側をカリッとするように熱し、焼けてきたらひっくり返す

5 油を切ってお皿に盛り付け、パクチーを乗せたら完成！

# さかな豆知識
sakana mame chishiki

# イワシ

身近な堤防で手軽なサビキ仕掛
釣れるイワシといえばカタクチ
ところによってはマイワシやウル
仕掛けで釣れますよ。

## 分布
カタクチイワシ、マイワシは北海道から九州南岸までの日本海・東シナ海・太平洋沿岸、瀬戸内海に分布。ウルメイワシは山形県や福島県以北には少ない。

## 大きさ
カタクチイワシは最大で18cmになる。マイワシは20cm前後が標準で、最大で30cm。ウルメイワシも最大30cm。

## 釣期
周年釣れるが、カタクチイワシは群れが沿岸に回遊する5〜11月が最盛期。マイワシはほぼ周年。ウルメイワシは冬を除く3〜11月。

| 1 | 2 | 3 | 4 | 5 | 6 | 7 | 8 | 9 | 10 | 11 | 12 |

## 棲んでいる場所
いずれも海岸付近から沖合までの表・中層を群れで回遊している。

## 生活史
カタクチイワシの仔魚は透明なシラスで、エサの動物プランクトンが豊富な内湾や沿岸域で成長する。1歳で12cm前後になって成熟。寿命は2歳。さまざまなフィッシュイーターに食べられるが、旺盛な繁殖力で

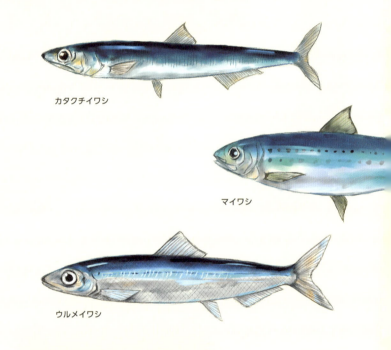

カタクチイワシ

マイワシ

ウルメイワシ

カタクチイワシ
日本中の釣り場で手軽にねらえ、泳がせれば最高のエサにもなります

マイワシ
食べ応えはこちらが一番。最近では都会の海にも回遊しています

漁港や堤防、海釣り公園などでサビキ仕掛けに鈴なりになる光景はおなじみです。小さいけど美味しいのでしっかり冷やしてお持ち帰りください！

# 仕掛けでたくさん釣れるイワシが代表格。どのイワシも同じ

### イワシ

カタクチイワシはニシン目カタクチイワシ科カタクチイワシ属。マイワシはニシン目ニシン科マイワシ属。ウルメイワシはニシン目ニシン科ウルメイワシ属。この三種が岸からよく釣れるイワシ御三家でいずれも美味です。

個体数を維持している。マイワシの仔魚もシラス型で、春シラス漁の主要対象。1歳で成熟し、寿命は8歳前後とイワシ類としては長命。ウルメイワシも仔魚は駿河湾・相模湾では春シラス漁の主要な対象。春夏に北上、秋冬に南下という季節回遊をするが、回遊規模は他のイワシ類に比べて小さい。

### 特徴

カタクチイワシの大きな特徴は口の形で、下顎が小さくて口（顎）が片方しかないように見えることからその名がついた。また、別名セグロイワシと称せられるとおり、体側の背面は暗青色で腹面は銀白色。マイワシは背中が青緑色、側面から腹は銀白色に輝く。体側には黒い点が1列に並んでいるが、個体によっては点がないものや、2・3列に並ぶものがある。ウルメイワシは眼に顕著な脂瞼（しけん）があり潤んで見えることがその名の由来。マイワシに似るが、腹ビレが背ビレ後端よりも後方に位置することで、腹ビレが背ビレ後端の直下にあるマイワシと区別できる。

### 主な釣り方

いずれも回遊次第。群れが接岸していれば、堤防からのサビキ釣りで数釣りができる。

## イワシを釣ってみよう

### サビキ釣り

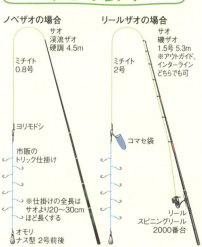

**ノベザオの場合**
- サオ 渓流ザオ 硬調 4.5m
- ミチイト 0.8号
- ヨリモドシ
- 市販のトリック仕掛け
- ※仕掛けの全長はサオより20〜30cmほど長くする
- オモリ ナス型 2号前後

**リールザオの場合**
- サオ 磯ザオ 1.5号 5.3m ※アウトガイド、インターラインどちらでも可
- ミチイト 2号
- コマセ袋
- リール スピニングリール 2000番台

**ワンポイント** 釣り場は急深な地形でかつ潮通しのよい場所がおすすめですが、港湾や漁港の岸壁でも充分にねらえ、群れが来れば広範囲で釣れます。基本の仕掛けはバケやスキンなどが付いた小型のサビキ仕掛け。寄せエサはアミエビを使います。釣果があがらない時はアミエビを多点バリに付けるトリックサビキも有効ですよ。

**エサ・擬似餌** アミエビ（エサ）、バケ、スキン（擬似餌）

ウルメイワシ
刺身の旨さはマイワシ以上と言われます。旬は冬です

## Love Fishing!
# 基本はカタクチイワシ。稀にマイワシやウルメイワシも回遊

多点掛けの魅力！

　イワシ釣りといえばサビキ仕掛けです。各種ありますが、私のお気に入りのサビキはママカリサビキ。ママカリとは岡山でのサッパの呼び名。サッパがよく釣れるサビキはイワシもよく釣れ、特にママカリサビキはカタクチイワシを狂わせます！

　サビキ釣りのサオは長さ3m前後の万能磯ザオの2号を使用します。ルアーロッドなどでもいいですが、長くてしなやかなサオなら小さな魚もバラすことなく上げられます。一荷で釣れると小さくても引きは強い！

　サビキ釣りをする時は必ず大きめのジッパー付きビニール袋を持っていきます。というのも、いつまでも水汲みバケツに入れておくと酸欠になってしまうので、魚はこまめに袋に入れ、氷の入ったクーラーに入れます。小さな魚はエラを切るなどの血抜きは必要ないですが、しっかり冷やし込むことが大切。

　マイワシは最近、都内の海釣り公園などでも釣れるようになっています。ウルメイワシは美味しいので、群れが接岸すると釣り人が目の色を変えて釣りますよ。

イワシは鮮度が命。酸欠で口を開けて弱る前にジッパー付きビニール袋に移してしっかり冷やしましょう

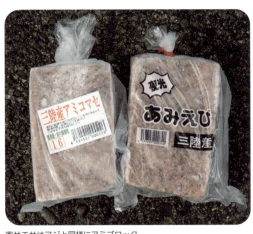

寄せエサはアジと同様にアミブロック

## レシピ01

### カタクチイワシのオイルサーディン

オーブンでほったらかしで骨まで食べられます。使ったカタクチイワシが15cmほどと大きかったので頭を落としましたが小さなものは頭ごとゆっくりと時間をかけて調理すれば丸ごと食べられます！保存の目安は冷蔵で1週間、冷凍で3ヵ月程度。

《材料2人前》

| カタクチイワシ | 30尾程度 | ニンニク | 1欠片 |
| --- | --- | --- | --- |
| 塩 | 50g | ローリエ | 1枚 |
| 水 | 1000ml | 鷹の爪 | 1本 |
|  | （5%の塩水を作る） | タイム | 2本 |
| オリーブオイル | イワシが浸かる程度 | 胡椒 | 適量 |

《手順》

1. カタクチイワシは頭と内臓を取り除ききれいに洗う
2. 水と塩を合わせてカタクチイワシを入れ冷蔵庫で1時間寝かせる
3. 水気をよく拭き取り、断熱皿に並べる
4. その上に半分に切ったニンニク、鷹の爪、タイム、胡椒を振り、ひたひたに浸かるまでオリーブオイルを注ぐ
5. オーブン100℃で1時間。骨まで食べたい場合は様子を見ながら熱する時間を伸ばす

---

## レシピ02

### イワシの大葉メンチカツ

今回はマイワシを使いましたが、ウルメイワシでも大きめのカタクチイワシでもお試しあれ。保存も利くので大釣りしたらぜひ！

《材料2人前》

| マイワシ | 4尾 | 味噌 | 小さじ1 |
| --- | --- | --- | --- |
| 木綿豆腐 | 半丁 | 薄力粉 | 大さじ7 |
| 大葉 | 5枚 | 水 | 大さじ5 |
| 卵 | 1個 | パン粉 | 適量 |
| タマネギ | 1/4個 | サラダ油 | 適量 |
| 塩胡椒 | 適量 |  |  |

《手順》

1. イワシは頭を落とし手開きをして内臓と小骨を取り除く。水洗いし水気を切る
2. みじん切りしたタマネギをフライパンで炒めて冷ましておく
3. フードプロセッサーにイワシと水をしっかり切った豆腐を入れてなめらかになるまで回す（包丁でたたいてもOK）
4. ボウルにイワシ、タマネギ、刻んだ大葉、塩胡椒、味噌、卵液を入れて混ぜる
5. 丸型に成形し、水に溶いた薄力粉にくぐらせ、パン粉をしっかりまとわせる。すぐに食べない分はこの段階でジッパー付きビニール袋に入れて冷凍保存
6. 180℃の油でキツネつね色になるまで揚げる。

レシピ03

# マイワシの香草パン粉焼き

《手順》

1. イワシは頭を切り落とし、お腹を切り内臓を出す。柔らかければ手で腹開きにして腹骨をすく

2. 塩・胡椒で下味を付ける

3. タマネギはみじん切りにし、オリーブオイルを引いたフライパンで甘みが出るまで炒める

4. ナスは縦に薄切りにして、オリーブオイルを引いたフライパンでしんなりするまで焼く

5. イタリアンパセリをみじん切りにし、パン粉とともにフライパンで炒める

6. オーブンのプレートにオーブンシートを敷き、輪切りにしたトマト→タマネギ→ナス→イワシ→パン粉の順に重ねる

7. その周りに1cm角に切ったパプリカとズッキーニを散らす

8. 上からオリーブオイルをかけて200℃に予熱したオーブンで20分焼く

カポナータはシチリア島およびナポリの郷土料理で夏野菜をたっぷりと味わえる炒め煮。実はイワシだけではなくアジとの相性も抜群なのです！

《材料2人前》

| | |
|---|---|
| 20cm前後のマイワシ | 2尾 |
| トマト | 1/2個 |
| タマネギ | 1/2個 |
| ズッキーニ | 1/3個 |
| ナス | 1個 |
| 黄パプリカ | 1/4個 |
| パン粉 | 適量 |
| オリーブオイル | 適量 |
| イタリアンパセリ | 適量 |
| 塩・胡椒 | 適量 |

レシピ 04

# イワシのフリッタータ

南イタリアのランチで出て来て嬉しかった料理です！フリッタータとはイタリアのオムレツやキッシュに似た料理のこと。フライパンでもできますがオーブンで焼いちゃえば簡単！

《材料 2 人前》

| | |
|---|---|
| 20㎝前後のイワシ | 4 尾 |
| レーズン | 10 粒 |
| 松の実 | 10 粒 |
| ニンニク | 一欠片 |
| パセリ | 適量 |
| 塩 | 適量 |
| 卵 | 2 個 |
| 粉チーズ | 大さじ 2 |
| オリーブオイル | 適量 |

《手順》

1 イワシは三枚おろしにする

2 オーブンで使用可能な耐熱皿にオリーブオイルを塗る

3 イワシに塩を振り、レーズン、松の実、ニンニク、パセリを散らす

4 段々に重ねていく

5 卵を溶き、粉チーズとパセリをひとつまみ混ぜ、イワシの上にまんべんなくかける

6 180℃に予熱したオーブンで 15 分〜20 分、卵がしっかり固まるまで焼く

レシピ 05

# イワシの味噌マヨ焼き

油を使わなくてもマヨネーズの油でこんがりと焼けます。とても焦げやすいので銀紙に包んで中まで火を通してから焼き目を付けるのもありです！

《材料1人前》

| | |
|---|---|
| 20cm前後のイワシ | 2尾 |
| パセリ | 適量 |
| 味噌 | 大さじ1 |
| 粉チーズ | 大さじ1/2 |
| マヨネーズ | 大さじ2 |

《手順》

**1** イワシを三枚おろしにして腹骨をすく

**2** 味噌、マヨネーズ、チーズ、刻んだパセリを混ぜる

**3** ②をイワシに塗って10分おく

**4** 魚焼きグリルにイワシを並べて焼き色が付くまで焼く

> レシピ06

# 炊飯器で簡単！
# 骨まで食べられるイワシの生姜煮

炊飯器と酢を使うことで柔らかく煮ることができます。骨までほろほろと崩れる食感でご飯が進むこと間違いありません！

《材料1人前》

| | |
|---|---|
| イワシ | 4尾 |
| 生姜 | 一欠片 |
| 酢 | 大さじ2 |
| 醤油 | 大さじ2 |
| 砂糖 | 大さじ2 |
| 酒 | 大さじ2 |
| 水 | 250ml |

《手順》

1 イワシは頭と内臓を取り除き、キレイに洗い、水気を拭き取る
2 イワシは食べやすい大きさに切る

3 生姜を千切りにする
4 炊飯器にイワシと生姜を入れる

5 酢、醤油、砂糖、酒、水を入れ炊飯する

炊飯器は5合炊きを使用しています。炊飯器の機種によっては炊飯以外の調理に適さない場合がありますのでご確認ください。イワシの大きさによっては1度の炊飯では骨が柔らかくならないこともありますので追加で加熱してください

## さかな豆知識
sakana mame chishiki

# カサゴ

### 分布
北海道から九州南岸までの日本海・東シナ海沿岸、北海道から九州までの太平洋沿岸、瀬戸内海に分布。

### 大きさ
最大で30cm前後。

### 釣期
周年釣れるが、冬になると繁殖活動のためより浅場に集まり釣りやすくなる。

| 1 | 2 | 3 | 4 | 5 | 6 | 7 | 8 | 9 | 10 | 11 | 12 |

### 棲んでいる場所
浅い水深の小磯や堤防周りから、水深50m前後までの岩礁域に広く生息している。海底の岩の隙間や消波ブロックの間などに潜んでいることが多い。

カサゴはビギナーの方にもベテランにも愛される堤防の人気者です。堤防の継ぎ目などに仕掛けを落とせば食ってくれますし、ライトタックル釣りの好ターゲットでもあります。

## カサゴを釣ってみよう

### ルアー釣り・ブラクリ釣り

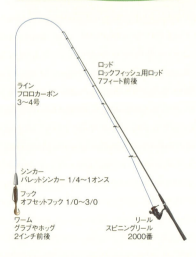

ロッド
ロックフィッシュ用ロッド
7フィート前後

ライン
フロロカーボン
3～4号

シンカー
バレットシンカー 1/4～1オンス

フック
オフセットフック 1/0～3/0

ワーム
グラブやホッグ
2インチ前後

リール
スピニングリール
2000番

**ワンポイント**
根魚ですので根掛かりしにくいルアーやリグ（仕掛け）をチョイスすることが大事です。おすすめはテキサスリグやジカリグ。ワームは甲殻類を模したホッグ系と小魚をイメージしたシャッド系の2種類を用意しましょう。岩の隙間や堤防の際などをねらい、ヒットしたら根に潜られないように強引に寄せます。ブラクリオモリにイソメやサバの切り身などでもよく釣れます！

**エサ・擬似餌** ルアー（ワーム）

堤防のオカッパリのルアー釣りでこんな大型が釣れることも

カサゴといえば根魚の代表のような魚ですので根掛かりしやすいところに生息しています。
オモリとハリが一体化したブラクリ仕掛けは根周りでも根掛かりしにくい仕掛けです

## カサゴ

スズキ目カサゴ亜目メバル科カサゴ属。西日本ではガシラ、アラカブなどと呼ばれるとってもポピュラーな根魚。日中はおもに物陰に隠れていて、夜間になると活発に泳ぎ回って、大きな口で甲殻類や小魚などを丸呑みにします。

ランの方にも
防のケーソン
ば大口を開け
クルのルアー

### 生活史

卵ではなく仔魚を産む。交尾は10～11月初旬で、卵の成熟を待ち11月ごろに体内で受精、受精後20～25日でふ化。仔魚は11～翌年5月に産み出される。根周りに生息し、甲殻類や小魚などを捕食する。

### 特徴

体色は暗褐色や赤褐色などの入り混じったまだら模様。近縁のウッカリカサゴとよく似ており混同されることが多い。本種の体には不定形の白斑をもつがウッカリカサゴの白斑は暗色に縁どられ大きさも小さくそろっていることや胸ビレの軟条数に違いがある。また、ウッカリカサゴは主に水深30m以深に生息しているので、それより浅場で釣れたものはカサゴと判断しやすい。

### 主な釣り方

堤防や磯では、ドウヅキ仕掛けのブッコミ釣りやブラクリ仕掛けでねらうほかルアーにも好反応を示す。沖釣りでも2～3本バリのドウヅキ仕掛けが主流。

## 沖釣り

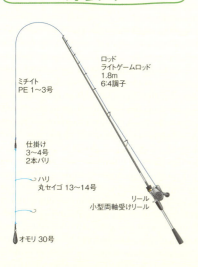

ロッド
ライトゲームロッド
1.8m
6:4調子

ミチイト
PE 1～3号

仕掛け
3～4号
2本バリ

ハリ
丸セイゴ 13～14号

リール
小型両軸受けリール

オモリ 30号

**ワンポイント** 沖釣りの魅力は良型の数釣りが楽しめること。25cm前後の良型カサゴでクーラー満杯も夢ではない。オモリが着底したらミチイトを張らず緩めずで静かにアタリを待つ。"コツコツ"とエサに噛みつくだけの小さなアタリは、食い込むまで待つことが大切。

**エサ・擬似餌** イワシ、サバの切り身。ドジョウなど。

沖釣り用のカサゴ仕掛け。仕掛けの最下部にオモリを付けるドウヅキタイプが標準だ

沖釣りで使うエサはカタクチイワシやサバの切り身などさまざま

冷たい雨が降る夜に釣った35cm！こんな大物が身近に潜んでいるんです！

# 漁港のアイドル的存在！

カサゴはルアーで海の魚を釣ってみたいという初心者の方におすすめのターゲットです。私のおすすめはジグヘッドにパワーイソメなどのニオイ付きワーム。または、波動が強いカーリーテールやシャッドテールでカサゴに存在をアピールするのも効果的。カサゴは目の前に来たものを積極的に捕食するのでルアーの存在に気が付いてくれるようにすることがポイントです。

エサ釣りでは定番のブラクリを用います。堤防でブラクリにサバの切り身やイソメを付けて落として上下に動かすだけ。テトラポッドやケーソンの繋ぎ目、岩礁帯でカサゴは釣れます。釣りしたいけどエサがない！と

日中でも根周りや堤防の影などを探ればヒットします。口が大きいので自分の体長の半分近くあるルアーにも食いついてきます

カサゴは昼夜釣れますが、夜行性なので夜のほうが釣れます。特に寒い冬の夜はチャンス！

いうときはコンビニで手に入るイカの塩辛などでもオッケー！意外と釣れちゃうんです。

昼間でも釣れますが夜釣りでは大型も姿を現わします。焼津でふらっと夜釣りをした時のこと。ジグヘッドにニオイ付きワームを付けて堤防沿いを探っていました。底まで着いたらちょっと上げてを繰り返しながら港を散歩。それで釣れたのがなんと35cmのカサゴ！驚くほどの引きでした。

レシピ 01

# カサゴのお味噌汁

湯通しをすることで臭みを抑えて旨みを引き出させます。今回は赤味噌で作りました！カサゴから出たほどよい脂と赤味噌が合います。お好みの具材で楽しんでみてください！

《材料 1 人前》

| | |
|---|---|
| 20cm前後のカサゴ | 1尾 |
| 味噌 | 大さじ2 |
| 水 | 400ml |
| 三つ葉 | 適量 |

《手順》

**1** カサゴは腹を開いて内臓、エラ、ウロコを取る。塩を振って10分置いて余分な水分を出す

**2** 80℃程度のお湯に浸けて湯通しをする。その後、流水で洗うと、ヌメリや血などの汚れ、残りのウロコが取れ、臭みが抑えられる

**3** お鍋に水とカサゴを入れて沸騰させる

**4** カサゴから出てきたアクを取り、中火で10分煮る

**5** 火を1度止めてカサゴを取り出す

**6** 味噌を溶き入れ、切った三つ葉を加える

**7** カサゴを戻して再び火を入れ、沸騰する直前で火を止める

レシピ02

# カサゴの甘辛ソース

写真はアヤメカサゴを使用していますが他のカサゴでも美味しくできます。甘辛いソースに思いっきり山椒と黒胡椒をかけてお召し上がりください！

## 《材料2人前》

| | |
|---|---|
| 30cm前後のカサゴ | 2尾 |
| 片栗粉 | 適量 |
| 醤油 | 大さじ2 |
| みりん | 大さじ2 |
| 酒 | 大さじ3 |
| 砂糖 | 大さじ2 |
| ニンニクチューブ | 1cm程度 |
| 黒胡椒 | 適量 |
| 山椒 | 適量 |
| 揚げ油 | 適量 |
| 塩 | 適量 |

## 《手順》

**1** カサゴはウロコ、内臓、エラを取り、頭を取った状態で開く。カサゴが小さい場合は頭も一緒に開きにする

**2** カサゴに塩を振り、片栗粉をまぶす

**3** 醤油、みりん、酒、砂糖、ニンニクを小鍋に入れ中火で軽く煮立たせてアルコールを飛ばす

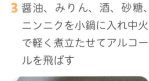

**4** カサゴを揚げる。最初は160℃の低音で泡が落ち着くまで揚げ、一度火からおろす

**5** 油の温度を190℃に上げてカラッとなるまで揚げる

**6** 全体的に、タレが馴染んだら軽く山椒を振り、たっぷり黒胡椒をかけたら出来上がり

レシピ03

# カサゴのパエリア

具材はなんでもオッケー！今回は浜名湖のエビすき漁で獲った小さなクルマエビと、釣ったアオリイカのゲソを使いました。火が強いとあっという間に焦げるので注意！

## 《材料1人前》

| | |
|---|---|
| カサゴ | 100g分 |
| 米 | 1合 |
| イカゲソ | 1/2パイ分 |
| クルマエビ | 5尾 |
| タマネギ | 1/4個分 |
| ズッキーニ | 1/2本分 |
| ヤングコーン | 4本 |
| ニンニク | 1/2個 |
| 白ワイン | 80ml |
| カレー粉 | 大さじ2 |
| コンソメ | 大さじ1 |
| 水 | 300ml |
| 油 | 適量 |

## 《手順》

**1** カサゴはウロコを落とし、三枚おろしにして腹骨をすき、上肋骨を抜いたら一口大に切る。小さなカサゴは丸ごとでもオッケー。その場合はウロコ、エラ、内臓を取り除き、キレイに洗う。そのほかの食材も切り分ける

**2** 油を引いたフライパンにみじん切りにしたニンニクとカサゴ、エビ、ゲソを炒める

**3** 白ワインを加えて火からおろし、蒸し汁と具材に分けておく

**4** 蒸し汁と水を合わせ、コンソメを加えておく

**5** 油を引いたフライパンでタマネギを香りが出るまで炒めたら米を加えて透き通るまで炒める

**6** カレー粉を加えて香りが出るまでさらに炒める

**7** 蒸し汁を加えた水を入れて米が動かなくなるまで弱火で水分を飛ばす

**8** 水分が飛んだら具材を並べ、蓋をして弱火で約10分加熱し、火を止めて約10分蒸らして、出来あがり

## レシピ04

## カサゴのセビーチェ

魚介を柑橘のしぼり汁でマリネしたペルーの代表的な料理です。すだちの代わりにライムやレモンでも美味しいです！

### 《材料 2人前》

| | | | | |
|---|---|---|---|---|
| カサゴの身 | 2尾分 | | オリーブオイル | 大さじ1 |
| 紫タマネギ | 1/4個 | | ニンニク | 一欠片 |
| ミニトマト | 4個 | | パセリ | 適量 |
| 黄パプリカ | 1/4個 | | 塩 | 適量 |
| すだち | 2個 | | 胡椒 | 適量 |
| ハチミツ | 小さじ1 | | | |

### 《手順》

**1** カサゴは三枚おろしにして腹骨をすき、上肋骨を抜いて皮を引く。食べやすい大きさに切る

**2** 紫タマネギは薄くスライスして水に晒してぎゅっと絞っておく

**3** 黄色パプリカは0.5cm角に切り、トマトは1/8角に切る

**4** すだちの搾り汁、オリーブオイル、ニンニク、ハチミツ、刻んだパセリ、塩、胡椒を混ぜ合わせる

**5** ④の中にカサゴと野菜を入れよく混ぜ合わせる。冷蔵庫で冷やしたら完成

---

## レシピ05

## カサゴのシンプルなアクアパッツァ

シンプルな味つけでカサゴの美味しさを引き立てます。余ったスープでパスタやおじやにするのもオススメ。キャンプ飯としてもぜひ！

### 《材料 1人前》

| | | | | |
|---|---|---|---|---|
| カサゴ | 2尾 | | オリーブ油 | 大さじ1 |
| ニンニク | 1欠片 | | 塩 | 適量 |
| ミニトマト | 5個 | | 胡椒 | 適量 |
| 水 | 70ml | | パセリ | 適量 |
| 白ワイン | 30ml | | | |

### 《手順》

**1** カサゴはウロコと内臓を取り、塩を振って10分置いて余分な水分を出す

**2** 80℃程度のお湯に浸けて湯通しをしてから流水で洗う

**3** ニンニクをみじん切りにする

**4** フライパンにオリーブ油を入れ、弱火でニンニクを炒める

**5** カサゴ、ミニトマト、白ワイン、入れる。蓋をして煮立たせ、5分蒸す

**6** パセリを振り完成

レシピ 05

# カサゴのリゾット

お米を炊いてないけどご飯が食べたい！って時に作れます。ぱっと作れるのに高級感が出るのも◎。粉チーズがなければピザ用チーズでも代用可能です。米は水で洗ってしまうと粘りが出るので無洗米がオススメですよ〜。

## 《材料 1 人前》

| | |
|---|---|
| カサゴ | 2尾 |
| 米 | 150g |
| タマネギ | 1/2 個 |
| バター | 大さじ 2 |
| ニンニク | 1 片分 |
| オリーブオイル | 小さじ 1 |
| カサゴ出汁 | 600ml |
| （足りない場合は水を足す） | |
| 牛乳 | 100ml |
| 粉チーズ | 大さじ 4 |
| 塩 | 適量 |
| 胡椒 | 適量 |

## 《手順》

**1** まずは出汁を作る。カサゴのアラは塩を振って 10 分置いて余分な水分を出す

**2** 80℃程度のお湯に浸けて湯通しをしてから流水で洗う

**3** 水から中火で 15 分以上煮る

**4** アラを濾したら黄金のスープが完成。ここまでが出汁作りの手順

**5** カサゴは三枚おろしにして腹骨をすく。上肋中骨を抜いて、皮を引く。一口大に切る。タマネギはみじん切りにする。

**6** オリーブオイルで軽くカサゴの身を焼く。焼けたらお皿によけておく

**7** フライパンにバターを熱して、焦がさないようにニンニクを炒め香りを出す

**8** タマネギを炒めしんなりしてきたらカサゴを加えて軽く塩胡椒する

**9** 生米を加えて、お米が半透明になるまで炒める。出汁を常に弱火で温めておく

**10** お玉 2 杯分の出汁を加えて弱火にして 15 分炊く

**11** 水分が減って穴が空いてきたらお玉半分の出汁を加える。あまり混ぜないように

**12** 出汁を使い切ってぽこぽこと穴が空いてきたら牛乳を加える

**13** チーズを加えて混ぜる

## さかな豆知識
sakana mame chishiki

# シロギス

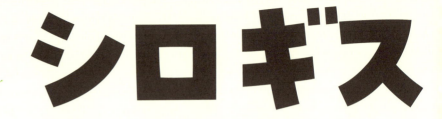

魚屋さんではそれほどポピュラーではあ
対象としてはかなりの人気魚種です。サー
堤防からのチョイ投げ、ボート釣り、沖
ファンが多いのは引き味と食味がいいか

### 分布
北海道積丹半島から九州南岸までの日本海・東シナ海沿岸、北海道襟裳岬から九州南岸までの太平洋沿岸、瀬戸内海に分布。

### 大きさ
釣りの対象としては20cm前後が多いが、尺ギスと呼ばれる30cm以上の大物もいる。

### 釣期
春から秋に盛んだが、東京湾や相模湾では12～2月の深場をねらう落ちギス釣りも盛ん。

| 1 | 2 | 3 | 4 | 5 | 6 | 7 | 8 | 9 | 10 | 11 | 12 |

### 生活史
内湾や沿岸部の砂底に生息。完全な砂地よりも岩礁の周辺や、海底に変化のある箇所に多い。きれいな水を好む傾向がある。

## シロギスを釣ってみよう

### 投げ釣り

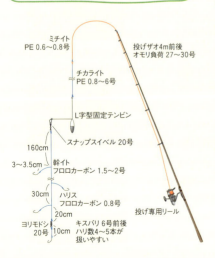

ミチイト PE 0.6～0.8号
投げザオ4m前後 オモリ負荷 27～30号
チカライト PE 0.8～6号
L字型固定テンビン
スナップスイベル 20号
160cm
3～3.5cm
幹イト フロロカーボン 1.5～2号
30cm
ハリス フロロカーボン 0.8号
20cm
ヨリモドシ 20号
10cm
キスバリ 6号前後 ハリ数4～5本が扱いやすい
投げ専用リール

**ワンポイント** 投げ釣りではキャストした後、ゆっくりと仕掛けを引いて誘いを掛けます。アワセはそれほど重要ではなく、向こうアワセで掛かることが多いです。堤防や小さな砂浜から近距離をねらう場合は、エギングロッドなどのルアータックルでも充分に楽しめますよ。

**エサ・擬似餌** アオイソメ、ジャリメ、チロリなど。

サーフからの投げ釣りの専用タックルは遠投能力が高いです

りませんが、釣りの
フからの投げ釣り、
釣りとそれぞれに
らですね。

シロギスの人気の理由に引きの強さがあります。キュンキュンという強い引き込みをぜひ味わってください

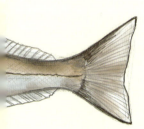

**シロギス**
スズキ目スズキ亜目キス科キス属。繊細そうで可憐な姿から、別名「海の女王」とも呼ばれます。でも大型になるとかなりパワフルです！

## 棲んでいる場所

産卵期は6〜9月で、釣り人が乗っ込みと呼ぶこの前後のタイミングで水深10m前後の浅場に集まって複数回産卵する。1歳で10㎝、2歳で13.5㎝、3歳で16.0㎝、4歳で17.5㎝になり、2歳以上で成熟する。冬場はやや深い場所に移動する。

## 特徴

海釣りの代表的な人気魚種で、ハリに掛かると小気味よい引き味で楽しませてくれる。普段は海底のすぐ上を泳ぎながら、多毛類や甲殻類を食べる。エサは砂と一緒に吸い込むようにして食べる。群れで活動しているので、1尾釣れると同じ場所で連続して釣れることが多い。ただし警戒心も強く、船影を嫌い、オモリの着水音などにも敏感に反応する。日本には本種のほかにホシギス、アオギス、モトギスがいる。

## 主な釣り方

砂浜からの投げ釣り、沖釣りで人気が高い。海底が砂地なら、春〜秋に堤防からチョイ投げでもねらえる。貸しボートの釣りも盛ん。

### 沖釣り

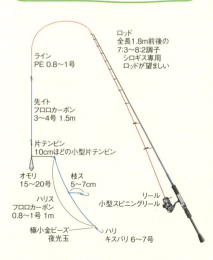

ライン PE 0.8〜1号
先イト フロロカーボン 3〜4号 1.5m
片テンビン 10cmほどの小型片テンビン
オモリ 15〜20号
枝ス 5〜7cm
ハリス フロロカーボン 0.8〜1号 1m
極小金ビーズ 夜光玉
ハリ キスバリ 6〜7号
ロッド 全長1.8m前後の7:3〜8:2調子シロギス専用ロッドが望ましい
リール 小型スピニングリール

**ワンポイント** 沖釣りやボート釣りも楽しいですよ。こちらのほうがロッドも短く手軽でアタリが多いので、子どもでも退屈しないはず。真下に落とすだけではなく、キャストしたほうが有利です。ただしオーバースローは厳禁。アンダースローで広範囲を探りましょう。基本は片テンビン仕掛けですが、深場の落ちギスねらいではドウヅキ1〜2本バリが主流になります。

**エサ・擬似餌** アオイソメ。

船やボートからの釣りはライトタックルですのでお子さんや女性も楽しめます

Love Fishing!

# キスは船釣りも面白い

本格的な投げ釣りは……という方でもシロギスさえ岸近くに集まっていればチョイ投げで釣れちゃいます

ルアーロッドや港内ならパックロッドでも問題なし

ライトゲーム用のルアーロッドで手にしたキス

　オカッパリからも手軽にねらえるシロギスですが、むしろタックルのライトさやシンプルさという点では船やボートからの釣りのほうがお手軽といえるかもしれません。

　特に東京湾や相模湾では水深10mの浅場をねらいますので、オモリも軽くてアタリも引きもダイレクトに伝わります。

　私の住む静岡県では清水港近くの穏やかな湾内で楽しんでいます。ただし、水深30m前後まで探るのでオモリは25まで用意します。

　仕掛けは船釣りもボート釣りもチョイ投げ釣りもほぼ同じでよく、市販の船キス完成仕掛けを使うのが一番。ハリは吸い込みタイプ、食わせタイプとあるので状況に合わせて使い分けます。

　船キス仕掛けは全長90cm以下と短いタイプが多いのですが、食いが渋い場合に備えて1mから1.25mのロング仕掛けも持って

実は沖釣りのほうが手軽なシロギス

美味しい食材ですのでしっかり冷やして 持ち帰りましょう

浅場をキャストして広く探る釣りではオモリ15号くらいの片テンビン仕掛けが一般的

水深20〜30ｍをねらう冬の落ちギス釣りではオモリ20号のドウヅキ仕掛けのほうが仕掛け絡みは少ないです

いると安心です。

　ちなみにオモリは浅場であれば軽いほど魚を散らさずアタリも感じやすいので6〜8号と軽いものも用意しましょう。こちらではエサはアカイソメを使用しました。アオイソメよりも身が柔らかく食い込みがいいみたいです。

　釣り方は簡単です。ポイントに入ったらアンダーキャストでちょいっと投げて底を取ります。オモリが底に這うようにズルズルと引っ張っていると、ココッと小さなアタリがあります。これでハリ掛かりすれば問題ありませんが、食い込みが浅いようならエサの付け方を工夫したり、ハリのタイプやサイズを変更して色々と試してみます。

　この日はやはりロング仕掛けがよく釣れました。サーフから遠投するのが苦手、専用タックルがないという方も船キスなら手軽にチャレンジできてお土産もバッチリですよ。

レシピ01

# シロギスの天ぷら

キスといえば天ぷらという最高の組み合わせ！キスは皮側の衣を厚く付けて皮を下にして揚げると丸まりにくいです。

《材料1人前》

| | |
|---|---|
| キス | 3尾 |
| 大葉 | 3枚 |
| 卵 | 1個 |
| 水 | 100g |
| 小麦粉 | 100g |
| 揚げ油 | 適量 |

《手順》

1. キスはウロコを取り、背開きにして腹骨をすく

2. キッチンペーパーで水気を取り、小麦粉（分量外）をつけておく
3. 卵と水を混ぜ、小麦粉を少しずつ加えて混ぜる
4. 油を180℃に熱し、衣をつけた大葉をさっと揚げる。キスに衣をつけ、途中で返しつつ2分ほど揚げる

レシピ02

# シロギスのコロッケ

ふわっと優しいキスの身を衣で閉じ込めたお子様も喜ぶ一品。余った背骨も骨せんべいでいただきましょう。160℃の油でじっくり揚げたら一度取り出して190℃の油で揚げると丸ごと美味しくいただけます！

### 《材料2人前》

| | |
|---|---|
| ジャガイモ | 2個 |
| シロギス | 3尾 |
| タマネギ | 1/4個 |
| 卵 | 1個 |
| 塩胡椒 | 適量 |
| 小麦粉 | 適量 |
| 細目パン粉 | 適量 |
| 揚げ油 | 適量 |

### 《手順》

**1** シロギスは三枚おろしにして腹骨をすいたら多めの塩を振り、キッチンペーパーの上に並べたら、冷蔵庫で水分を抜く

**2** 余分な水分が抜けたら周りの塩を拭き取るか水でさっと流してから拭き取り、粗めのみじん切りにする

**3** 鍋に一口大に切ったジャガイモを入れて柔らかくなるまで茹でる。ジャガイモが柔らかくなったらマッシャーで潰す

**4** タマネギはみじん切りし、電子レンジで2分加熱する

**5** ジャガイモ、シロギス、タマネギ、卵黄、塩胡椒をねっとりするまで混ぜ合わせる

**6** ボール状に丸めて冷蔵庫で10分以上寝かせる

**7** 小麦粉、卵白、パン粉の順にまぶして、中温でからっと揚げる

レシピ 03

# 炙りシロギスの青唐辛子醤油漬け

ピリッと辛味が食欲、飲欲を誘う！青唐辛子はちょっとでも辛味が強いので量と漬ける時間を調整してください。

《材料 2 人前》

| | |
|---|---|
| 20cm前後のシロギス | 4尾 |
| 醤油 | 40ml |
| 酒 | 10ml |
| みりん | 10ml |
| 青唐辛子 | お好みで |
| 昆布 | 幅10cm×長さ15cm |

《手順》

1 醤油、酒、みりんを鍋で煮切る（沸騰して1分半くらい）

2 青唐辛子を輪切りにする

3 ①に青唐辛子と昆布を入れて冷蔵庫で寝かせる

4 シロギスは三枚おろしにし、腹骨はそぎ、上肋骨を抜いたら皮目を炙る

5 出汁に漬けて冷蔵庫で15分ほど寝かせる

6 一口に切り分け盛り付けて完成

レシピ04

# シロギスの油淋魚(ユーリンユイ)

油淋鶏ならぬユーリンユイ。ふわっと甘いキスの身に甘酸っぱいタレが抜群に合います！

### 《材料1人前》

| | |
|---|---|
| シロギス | 3尾 |
| 塩・胡椒 | 少々 |
| 片栗粉 | 適量 |
| 揚げ油 | 適量 |

【タレ】

| | |
|---|---|
| 小ネギ（小口切り） | 3本分 |
| ごま油 | 大さじ2 |
| 醤油 | 大さじ2 |
| 酢 | 大さじ2 |
| ハチミツ | 大さじ1 |
| すりおろし生姜 | 2㎝ |
| すりおろしニンニク | 2㎝ |

### 《手順》

1. キスは背開きにして腹骨をすく。切り離した背骨も捨てずに使う
2. 水気を拭いて塩・胡椒、片栗粉の順番でまぶし、170℃の油でじっくり揚げる。最後に少し油の温度を上げ、カリカリになるように揚げる。
3. 【タレ】をすべて混ぜ合わせる
4. 器に揚げた魚と背骨を乗せ、【タレ】をかける

# さかな豆知識
sakana mame chishiki

## ハゼ

夏の人気者のイメージですが秋かどん成長して釣り応えも食べ応え1年の半分は釣りが楽しめます！

### 分布
北海道南部から鹿児島県枕崎までの日本海・東シナ海沿岸（有明海を含む）、津軽海峡から屋久島までの太平洋沿岸、瀬戸内海に分布。湾内に注ぐ小河川や潮入りの運河にも多い。

### 大きさ
梅雨明けから8cm前後に育った「夏ハゼ」と呼ばれる当歳魚が釣れ盛る。一般的には20cm前後までが標準的で、23cm以上あれば特大。まれに2歳魚と思われる28cm前後も釣れる。

### 釣期
7～翌1月ごろ。9～11月が最盛期。ただし近年は都内の運河で12～2月の極寒期の夜に釣れるなど、これまでとは違う釣果が報告されている。

| 1 | 2 | 3 | 4 | 5 | 6 | 7 | 8 | 9 | 10 | 11 | 12 |
|---|---|---|---|---|---|---|---|---|---|---|---|

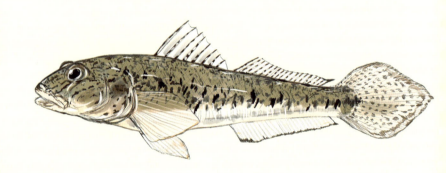

## ハゼを釣ってみよう

### ハゼクラ

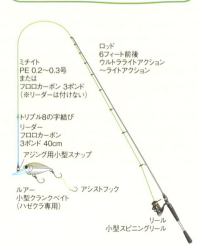

ミチイト
PE 0.2～0.3号
または
フロロカーボン 3ポンド
（※リーダーは付けない）

ロッド
6フィート前後
ウルトラライトアクション
～ライトアクション

トリプル8の字結び
リーダー
フロロカーボン
3ポンド 40cm

アジング用小型スナップ

ルアー
小型クランクベイト
（ハゼクラ専用）

アシストフック

リール
小型スピニングリール

**ワンポイント** 近年人気が高まっている小型クランクベイトを使ったルアーフィッシング。このルアーを海底で引くと、頭を底に付け前傾姿勢でブリブリとお尻を振ります。そのアクションはエサをついばむハゼそのものに見えるようで、自分もエサを食べたいとルアーを追尾して海底をついばむうちに、ルアー後方のハリにフッキングしてしまいます。浅場ではチェイスからヒットシーンが目視でき興奮ものです！

**エサ・擬似餌** ルアー（小型クランクベイト）

なぜかハゼクラでは後ろ側のリアフックにヒットすることが多いです

このような泥底で土煙を立てながら前進するハゼクラ。その背後からハゼが追尾してきます

よく見ると可愛らしいだけでなく飴色に輝く身や黄色味を帯びた各ヒレも美しいマハゼ。市場に流通しないため鮮魚コーナーではほとんど見かけませんが、実は美味！

ら冬までどん
も増していき、

マハゼ
スズキ目ハゼ亜目ハゼ科マハゼ属。体に黒褐色の斑紋が並び、腹ビレが吸盤状になっています。夏から初冬にかけてよく釣れるとてもポピュラーな釣りのターゲットです。

## 棲んでいる場所

内湾や河口の汽水域の砂泥底に棲む。場所によっては淡水域にも侵入する。

## 生活史

産卵期は1～5月で、南ほど早い。産卵期には雄の口幅が広くなり、その口を使って砂泥底にY字型の巣穴を掘り、雌を誘い入れて卵を産ませる。長径2mm前後の楕円形の卵は巣穴の天井に産みつけられ、雄はふ化まで卵を守る。4mm前後のふ化仔魚は浮遊生活をし、動物プランクトンを食べて成長して、2cmほどになると着底する。1歳で20cm前後になり産卵後死亡するが、成長が悪かった個体は越年して2歳魚となってから産卵して死亡する。

## 特徴

体は細長い円筒形で頭はやや大きく吻は長い。第1背ビレは8棘、第2背ビレ軟条数は10～15、体側に不規則な暗色斑が並び、背ビレと尾ビレに点列がある。
一般的にハゼ釣りといえばマハゼを指す。かつて東京湾では大衆的な釣りもので、多くの乗合船が湾奥に集まったが、汚染や埋立てが進んだ1970年代に釣り場が減り、また、乗合船も湾央や湾口まで遠征するのが当たり前になってねらう船宿は減ったが、それでも貸しボートなどの人気は根強い。

## 主な釣り方

夏になるとごく浅い場所で釣れるため、ウキ釣りやミャク釣りで老若男女が楽しめる小もの釣りの王様。
一方で晩秋以降の「落ちハゼ」釣りはグッと釣趣が増して難しくなる。船釣りでは小型のスピニングタックルや中通しの江戸和ザオにこだわるマニアックなファンもいる。近年はハゼクラ（ルアー）も人気。

**ワンポイント** ハゼのミャク釣りは、ノベザオで手軽にねらえるので親子での釣りにも最適。目印の代わりにウキを付けたウキ釣りも楽しいですね。初夏に釣れ出す小型の当歳魚は「デキハゼ」と呼ばれます。ハゼがエサを食べるとブルブルと手元にアタリが来ますが、実はそれだと遅いことが多いです。できればブルブルの前の小さな変化で合わせられるように頑張りましょう。

**エサ・擬似餌** アオイソメ、ホタテガイなど

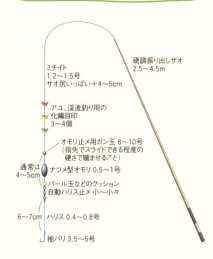

ミャク釣り

ミチイト
1.2～1.5号
サオ尻いっぱい＋4～5cm

硬調振り出しザオ
2.5～4.5m

アユ、渓流釣り用の
化繊目印
3～4個

オモリ止メ用ガン玉 8～10号
(指先でスライドできる程度の
硬さで噛ませること)

通常は
4～5cm

ナツメ型オモリ 0.5～1号

パール玉などのクッション
自動ハリス止メ 小～小々

6～7cm ハリス 0.4～0.8号

袖バリ 3.5～5号

都内の運河筋でも盛んなハゼのミャク釣り。足場のよい護岸から楽しめます

エサはアオイソメが一般的ですが、最近はホタテガイの貝柱も人気。常温保存できるハゼ釣り専用ホタテもあります

# チョイ投げと ハゼクラで！

自宅から近い浜名湖の中でも流入河川でも釣れるハゼは本当にお手軽なターゲット。私はライトゲーム用タックルでハゼクラもチョイ投げも楽しんでいます！

流入河川の下流付近はたいていハゼ釣り場。浜名湖本湖は開けた釣り場が多くチョイ投げもやりやすいです

私はチョイ投げもハゼクラもウルトラライトパワーのルアーロッド1本で楽しんでいます。小ハゼの小気味よいアタリも取ることができお気に入りです

　真夏ののんびりフィッシングといえばハゼ釣り。私の住む静岡県の浜名湖周辺にも多数のハゼのポイントがあります。浜名湖内はもちろんのこと、流れ込む河川では多くのハゼの姿を確認することができます。

　特にハゼ釣りに向いているのは底質が細かい砂地や砂泥で、流れが緩やかな水深が3mくらいまでの浅いところです。

　ハゼ釣りのよいところはエサでもルアーでも楽しめるところ。6フィートほどのルアーロッドなら汎用性もあり使いやすいかと思います。

　チョイ投げ仕掛けは市販のテンビン付きの完成仕掛けの3号を使いました。大型のキス用に設計されたものですが、ハリスが漂うことから、アグレッシブなハゼにアピールしてくれるようでよく釣れます。

　ハリは金袖3.5号、ハリス0.6号をチョイス。ハリスは45㎝を

半分ほどに短く切ってテンビンにセットします。ハリは小さいかなと思いましたが、釣ってみると10㎝ほどの小ハゼも混じるのでちょうどいい感じでした。

エサはアオイソメ。まずはハリからタラシを長めに付けましたがアタリはあっても掛からないことが多かったのでハリが隠れる程度の長さが◎。新鮮なエサなら毎投アタリがありました。

お次は同じタックルでハゼクラにも挑戦。底にルアーが触れるの

まだ型が小さめが多いのでハリは金袖3.5号を使いました

アタリがダイレクトに伝わるノベザオのミャク釣りも好きですが、チョイ投げの釣りもお手軽です。ノベザオでは届かないチョイ沖ねらいに最適！

を感じながらリールを巻き取ってくると勢いよくハゼがアタックしてきます。クランクによってねらえる水深が違うので何種類か持っていくとベストです

釣ったハゼはバケツに。そのまま入れておくと水が温まってすぐに酸欠になるので、ハゼはジッパー付きビニール袋に入れて、氷の入ったクーラーへこまめに入れましょう。

手軽に釣れちゃうハゼですが、しっかり冷やして持ち帰って丁寧に下処理をすればご馳走に生まれ変わります！

チョイ投げからのハゼクラタイム。お気に入りの金ミミズカラーのハゼクラが活躍！

バケツに入れっぱなしにしていると魚が弱って傷んでしまうのでこまめにクーラーボックスへ仕舞ってしっかり氷締めしておきましょう！

成長速度にバラつきがあるので初夏でこんないいサイズも出ます！

レシピ 01

# ハゼの天丼

ハゼといえばやっぱり天ぷら！ 夏ハゼはまだ空揚げサイズですので、良型のヒネハゼを使いました。野菜はお好みでどうぞ。タレは甘めに作ってありますので調整してくださいね！

## 《材料1人前》

| | |
|---|---|
| 良型ハゼ | 3尾 |
| 大葉 | 1枚 |
| マイタケ | 1/8房 |
| にんじん | 1/8本 |
| ナス | 1/2本 |
| サラダ油 | 適量 |
| 天ぷら粉 | 100g |
| 水 | 150ml |
| ご飯 | 一杯 |

## 《手順》

1. ハゼのウロコを取り、胸ビレを起こし、その根本から包丁を入れ、頭を切り落とし、包丁の背で内臓を取り出す
2. 頭側から背骨の上に包丁を入れ、尾ビレに向かって切って開く
3. 背骨の下に包丁を入れ、尻尾のギリギリまでいったら背骨を身から切り離す
4. 内臓を取り除いた部分をきれいに洗い流す
5. 天ぷら粉を水で溶き、尻尾を持って身を天ぷら粉にくぐらせる
6. 熱した油に入れて衣がキツネ色になるまで揚げる
7. 他の野菜も天ぷらにする
8. タレを作る

| | |
|---|---|
| みりん | 大さじ3 |
| 醤油 | 大さじ1 |
| だしの素 | 小さじ1/2 |
| 砂糖 | 大さじ1 |

上記材料をすべて混ぜ合わせ、小鍋に入れて強火で沸騰させる。焦げつかないように鍋を回しながら熱してとろみが付いたら完成

9. 丼にご飯をよそい天ぷらを盛り付け、タレをかけたら完成！

レシピ 02

# ハゼの甘露煮

夏ハゼは数が釣れてもサイズが小さくどうやって食べたらいいか悩む人もいますが、甘露煮なら頭から丸ごと食べられておかずにもおつまみにもなるので重宝します！　焼きハゼにしておくと2ヵ月ほど長期保存可能ですので、秋に釣っておけばお正月の雑煮用にすることもできます。

《材料 2 人前》

| | |
|---|---|
| ハゼ | （小型でOK）10尾ほど |
| 水 | 100ml |
| 酒 | 大さじ 3 |
| みりん | 大さじ 3 |
| 醤油 | 大さじ 1 |
| 砂糖 | 大さじ 4 |
| 酢 | 小さじ 1 |
| 昆布茶 | 小さじ 1 |

《手順》

**1** ハゼはウロコ、内臓、エラを取り除き塩で揉み洗いする。網目の細かいネットに入れて洗うとウロコが取れる！

**2** ラップをせず冷蔵庫で一晩乾燥させる

**3** 魚用グリルで焦げないように焼く（オーブントースターでもオッケー）

**4** もう一度、冷蔵庫で一晩乾燥させる。干物器があれば風通しのよいところで天日干しでもオッケー

**5** 干したハゼ、水、酒、みりん、醤油、砂糖、酢、昆布茶を鍋に入れ、キッチンペーパーなどで落とし蓋をする。弱火で煮汁がなくなるまで煮詰める

## レシピ03

### ハゼの塩昆布締め 香味野菜和え

ハゼの甘い身と塩昆布が絶妙の相性。簡単にできておつまみになるので我が家の夏の定番です。素麺とも合いますよ！

《材料2人前》

| | | | |
|---|---|---|---|
| 良型ハゼ | 5尾 | ミョウガ | 1個 |
| 塩昆布 | ひとつまみ | ポン酢 | 少々 |
| 三つ葉 | 適量 | | |

《手順》

1. ハゼは三枚おろしにして背骨をすき、皮を引いておく
2. ボールにハゼと塩昆布を入れて混ぜ、冷蔵庫で15分ほど寝かせる
3. 切ったミョウガと三つ葉をボールに加えて混ぜ合わせ、ポン酢を少々加えたら盛り付けて完成

## レシピ04

### ハゼのしんじょう

簡単にできて予想以上に美味しくて私もリピートしてます！ ③の状態のものに片栗粉を振って油で揚げても美味しいですよ！

《材料2人前》

| | | | |
|---|---|---|---|
| 良型ハゼ | 4尾 | 塩・胡椒 | 少々 |
| ハンペン | 1枚 | 水 | 300ml |
| 片栗粉 | 大さじ1 | 和風顆粒出汁 | 小さじ2 |
| 生姜チューブ | 1cm | 三つ葉 | 適量 |

《手順》

1. ハゼは三枚おろしにして皮を引く
2. ハゼをハンペンとともにすり鉢ですり身にする
3. ボウルに②と片栗粉、生姜チューブ、塩・胡椒を入れて手でよく混ぜて一口大に丸める
4. 鍋に湯を沸かし、③を入れて茹でる

5. 3分ほど茹でたら一旦取り出す
6. 鍋に水と顆粒和風出汁を入れたら、さらに5分ほど弱火で煮る
7. 器に移し三つ葉を乗せて完成

レシピ05

# ハゼの干物空揚げ

こちらも天日干しせず冷蔵庫に入れっぱなしにするだけなので簡単！ 干物はグリルで焼いてももちろん美味しいですが、空揚げにすると頭までパリッと食べられて酒のつまみにピッタリ！

## 《材料2人前》

| | |
|---|---|
| 10cm以上のハゼ | 7尾 |
| 水 | 300ml |
| 塩 | 9g |
| 片栗粉 | 適量 |
| 油 | 適量 |

## 《手順》

1. ハゼはウロコを取り除き、腹開きにし、内臓とエラを取り除く
2. 腹の部分の黒い膜は歯ブラシなどを使って丁寧に洗う
3. 3％濃度の塩水に15〜20分浸ける

4. キッチンペーパー等で水気を切ったら、ラップをせずに冷蔵庫に入れて48時間ほど乾燥させる

5. 2日経ち水分が抜けたら片栗粉をまぶす

6. 180℃の油で泡が小さくなるまで揚げる

もちろん干物ですので揚げずに焼いて食べても美味しいです！

## さかな豆知識
sakana mame chishiki

# テナガエビ

子どものときにタコ糸で遊んだザリガ〔ニ〕感覚にも近いのだけれどやっぱり違う〔のは〕に掛けること。食べて美味しいからま〔たたまら〕なります！

### 分布
青森県から九州沿岸までに広く分布。

### 大きさ
体長（腕の長さを除く）は約9cmに達する。大型になると体長より長いハサミを持ち迫力がある。

### 釣期
4～8月ごろ。梅雨時が最盛期である。

| 1 | 2 | 3 | 4 | 5 | 6 | 7 | 8 | 9 | 10 | 11 | 12 |

### 棲んでいる場所
川の河口から上流域の淡水から汽水域、湖沼にも棲む。

### 生活史
基本的には河川で成長・産卵し、ふ化した幼生は流下して海や汽水域へ運ばれ、親と同

## テナガエビを釣ってみよう

### 仕掛け名

**ウキ釣り&十字テンビン**

基本の玉ウキ仕掛け / 十字テンビン仕掛け

- 小ものザオ 1.8～2.7m 場所によっては2.7～3.6mのズームタイプも使用
- ミチイト 1～1.5号
- 足付き玉ウキ 3～4号
- 足付き玉ウキ 7号前後 ※十字テンビンが底で垂直に立つサイズ
- 浅ダナのウキ釣りの場合は、板オモリのほうが浮力を調整しやすい
- ハリ エビバリ2～3号 タナゴ 半月、新半月
- ガン玉 B～5B
- 十字テンビン
- 自動ハリス止メ
- ハリス 5cm程度
- ハリスは十字テンビンの先端までと同じ長さか、やや短くする

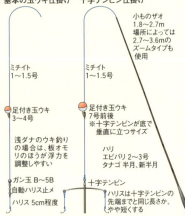

### ワンポイント
アタリで合わせて掛けるというより、ハリまでくわえさせてから釣ります。ですからサオを上げるタイミングは遅めでいいです。サオを数本だす並べ釣りが有効で、ポイントは消波ブロック周りなど障害物が多い場所。テナガエビはエサをつかむと安全な場所に運んでから食べようとするので、根掛かりも多いですが、十字テンビンを使うとテナガエビが自由に移動できないので根掛かりを防げます。

**エサ・擬似餌** ミミズ、アカムシなど。

東京下町のマル秘アイテムが十字テンビン。捨て石周りの根掛かり多発地帯で重宝するそうです

大型になるとハサミが体長以上になり、その重さで両腕をだらんと下げて釣れてくることも。日中は障害物の影に潜んでいますが、夕方以降は広範囲を徘徊する夜行性

有効なエサはアカムシ。なかなかハリに刺すのが難しく、指で摘むと皮が破けて体液が出てしまいます。外皮を剥いたダイコンにアカムシを置いてハリを持って刺すとやりやすいです

# ビ

ニ釣り。あの
のはハリを口
すます夢中に

サオを静かに立てると、口にハリ掛かりしたテナガエビがゆっくり浮上して、最後に激しく後進します。このときのビンビンビンっという引き味がとても刺激的です！

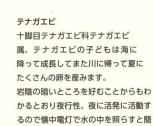

テナガエビ
十脚目テナガエビ科テナガエビ属。テナガエビの子どもは海に降って成長してまた川に帰って夏にたくさんの卵を産みます。
岩陰の暗いところを好むことからもわかるとおり夜行性。夜に活発に活動するので懐中電灯で水の中を照らすと簡単に見つかります。

じ体形となるまで育ち、川を遡って生活する両側回遊性。しかし、湖沼などに陸封されて一生を淡水域で過ごすものもいる。抱卵期は5〜9月。棲む場所によって卵の大きさや数が異なる。
雑食性で、水生昆虫、小魚のほか、動物の死骸や植物も食べる。

## 特徴

最大の特徴は、時に体長よりも長く発達する1対の脚。エサをつかんだり、ほかのエビと争う時に使う。ザリガニやカニとは異なり、前から2番目の脚が伸びている。釣りの対象となるものは、本種のほか同属のミナミテナガエビと、ヒラテテナガエビを加えた3種類である。ミナミテナガエビは千葉県・福井県から琉球列島に分布するが、温暖化傾向を背景に関東でも増えており、頭胸甲側面に茶褐色の太い斜帯を3本もつこと、雄では長いハサミの剛毛が少ないことで見分けられる。ヒラテテナガエビも前種と同様の分布域を持ち、長いハサミ脚が太くがっしりしており、雄では左右の大きさが異なることで見分けられる。

## 主な釣り方

ノベザオを使ったウキ釣り、ミャク釣り。エサにはアカムシや小さく切ったミミズなどを使う。サオは2本以上を使った並べ釣りが効率的。

## 本州の仲間は3種類

ほとんどの地域でテナガエビ釣りをして釣れてくるのは、「テナガエビ」だ。3種の見分け方はそれほど難しくなく、最も特徴的なのは胸頭部の「m」の模様。ヒラテテナガエビは胸頭部にmの模様がないのですぐに分かる。また、名前のとおりハサミが太く扁平に見える。テナガエビとミナミテナガエビはとてもよく似ているが、関東以南に生息するミナミテナガエビは胸頭部のmの模様がテナガエビよりくっきりしている。また、テナガエビが湖や沼など海と隔離された環境でも繁殖している個体群がいるのに対して、ヒラテテナガエビとミナミテナガエビは孵化した幼生が汽水域から海に下らなければ成長できない。

| テナガエビ | ヒラテテナガエビ | ミナミテナガエビ |
|---|---|---|
|  |  | 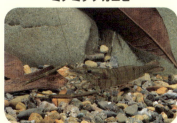 |

71

なんともユーモラスなルックスのテナガエビくん。カップルでのデート釣行、ファミリー釣行にもぴったりです

Love Fishing!

## ゴロタの隙間からの見釣り！

テナガエビは食べて美味しいターゲットですが、なかなか魚屋さんなどでは売っていませんから、食べたいなら釣るしかありません！そこで今回向かったのは私が住む静岡県内にあるテナガエビ釣り場のひとつ、青野川。南伊豆町の青野川ふるさと公園からエントリーしました。ここは無料の駐車場が利用でき、広々とした芝生のグラウンドや遊具施設も充実しており、ファミリーフィッシングにも最適で近隣に道の駅もあって何かと便利です。

用意したタックルは県内の釣具量販店で販売しているテナガエビセットを使用。ウキ釣り仕掛けですが、今回はゴロタの穴釣りをするのでウキとウキ止めは外して

伊豆半島の最南端、南伊豆町を流れる青野川。青野川ふるさと公園は無料の駐車場が利用でき、広々とした芝生のグラウンドや遊具施設も充実しておすすめです

テナガエビセットはウキ釣り仕掛けでしたが今回は狭いゴロタの穴を釣るのでウキとウキ止めは外してミャク釣りで使いました

予備バリとして手長エビ3号も購入

テナガエビのエサはいろいろなものが使えますが、私はアオイソメを小さく千切って使います

ゆっくりとサオを立てた際に"バックビート"と呼ばれる後ずさりが断続的にやってきます。これをしのげばハリ掛かり成功！

ました。この時点ではまだハリは口に掛かっていないのでしばらくの辛抱を続けます。ゆっくりとサオをあおると重さが乗って、それに驚いたエビが後ろにスッと引っ込みます。

ビン！　ビンビンビン！

これでしっかりとハリ掛かりしました。いいサイズのテナガエビが釣れて大満足！

夢中になってテナガエビ探しをしていると子どもに戻ったような感じがしました。景色ものんびりとしており、まさに『大人の休日』を満喫しました。

撒きエサは他の釣りで使用したキビナゴとイカ。用意した網に入れて沈めるとテナガエビやモクズガニ、ヨシノボリなどの小魚が寄ってきました

ミャクで使いました。

まだ4月とあって時期的に早いこともあり、今回は寄せエサとして他の釣りで使用した残りのキビナゴやイカを用意。これを岩の隙間から落とすと、テナガエビやモクズガニ、ヨシノボリなどの小魚が寄ってきました。すかさず近くに仕掛けを落とすと、まずは小さなエビたちやヨシノボリがエサを強奪していきます。小さなエビたちが自分の口には大きいサイズのアオイソメをモグモグとしているとスッと岩陰から長い腕を伸ばしてエサを取ろうとする大きめのテナガエビを発見！

すぐさまそのテナガエビにターゲットを絞ってその前にエサを置きます。すると長い腕を伸ばしてイソメをハサミで挟んで口に持っていき

しっかりと口にハリが掛かっています。こんないいサイズが釣れたら明日の食卓が楽しみになります。しっかり活かして持ち帰りましょう

テナガエビが隠れていそうな石の下ギリギリに仕掛けを落とします

持ち帰りはブクでもよいですが、車の中で酸欠になりがちなので草をたくさん入れて少し水を入れて持ち帰るととても元気で自宅に着いてもテナガエビはピンピンしています。一日泥を吐かせてから料理しますが、テナガエビはナワバリ争いをする気性の荒い生き物なので隠れ家もない小さなケースに入れっぱなしだと共食いするので注意しましょう。

レシピ01

# テナガエビの空揚げ

テナガエビは揚げるに限ります！ 今回ご紹介するレシピはすべて空揚げをベースに手を加えていきますが、揚げたてに塩をパラリ、レモンを絞っただけでも美味！

《材料 1 人前》

テナガエビ　　5尾
（小さければ 10 尾）
塩　　　　　　適量
揚げ油　　　　適量

《手順》

1 テナガエビは酸欠を防ぐためエアポンプで活かしながら持って帰り、泥抜きする。その際はカルキ抜きを入れた水道水が理想。水がとても汚れるので交換して1日以上泥を吐かせてから調理する
2 テナガエビを料理酒につける（とても暴れるのでフタ付きの容器でやりましょう）
3 楊枝で口もとから泥の入った袋（胃袋）を取り出す

4 塩で揉みながら丁寧に全体を洗う
5 塩を洗い流しキッチンペーパーでしっかりと水分を拭き取る
6 まずは低温でじっくり揚げて、最後は高温で揚げると殻までパリパリ食べられます！

7 揚げたての熱々に塩やレモン汁をかけたら出来上がり

レシピ02

# テナガエビの
# スイートチリソース炒め

一度素揚げすることでテナガエビもパリパリと食べられます！今回はスイートチリソースだけにしましたが、マヨネーズを和えるとまさにエビマヨでこちらも美味しいです。どちらも試してみてください。

《材料1人前》

| | |
|---|---|
| テナガエビ | 5尾 |
| （小さければ10尾） | |
| タマネギ | 1/4個 |
| ブロッコリー | 1/4房 |
| スイートチリソース | 大さじ3 |
| ニンニク | 1片 |
| ごま油 | 大さじ2 |
| 唐辛子 | 1本 |
| 揚げ油 | 適量 |

《手順》

1. タマネギはくし切り、ブロッコリーは食べやすい大きさに切り分ける。ニンニクはみじん切り。唐辛子はタネを抜く
2. テナガエビ、タマネギ、ブロッコリーを素揚げにする
3. 中火で熱したフライパンにごま油を引き、ニンニクを香りが出るまで熱する
4. ②を入れ中火で炒める
5. スイートチリソースを入れ、味を馴染ませたら完成

レシピ03

# テナガエビのトムヤンクン

酸っぱくて辛い。夏にピッタリな一品。ココナッツミルクを入れなくてもサッパリとしていて美味しいですよ。カルディなどの世界の食材を扱う店にはトムヤンクンの元が販売されているのでそれを活用すると簡単にできます！

## 《材料1人前》

| | |
|---|---|
| テナガエビ | 3尾 |
| タマネギ | 1/4個 |
| マッシュルーム | 4個 |
| ミニトマト | 4個 |
| ニンニク | 1片 |
| 唐辛子 | 1本 |
| 油 | 大さじ1 |
| 水 | 400ml |
| 砂糖 | 小さじ1 |
| ナンプラー | 大さじ1 |
| トムヤムペースト | 大さじ1 |
| レモン汁 | 小さじ1 |
| ココナッツミルク | 大さじ3 |

## 《手順》

1. ニンニクはみじん切り。タマネギは薄切りにし、マッシュルームは1/2（大きいものは1/4）に、ミニトマトは半分にカットする
2. 鍋に油、ニンニク、唐辛子を入れて弱火にかけ、香りが立ったらタマネギを加えてしんなりするまで炒める
3. テナガエビ、マッシュルーム、ミニトマトを加えて炒める
4. 水を加えてひと煮立ちさせ、アクを取る
5. 砂糖、ナンプラー、トムヤムペーストを加えて3分煮る
6. 仕上げにレモン汁、ココナッツミルクを加えてひと煮立ちさせたらできあがり。お好みでパクチーをどうぞ♩

## レシピ04

### テナガエビのアヒージョ

具材はあくまでも一例ですので冷蔵庫にある野菜を自由に使ってください。ゆっくりと火を入れることでテナガエビの殻ごと楽しめます。具材を食べ終わったオリーブオイルはいい出汁が出ているのでそのままペペロンチーノなどのオイルパスタに活用できます！

《材料1人前》

| | | | |
|---|---|---|---|
| テナガエビ | 3尾 | ミニトマト | 5個 |
| 黄パプリカ | 1/4 | 塩・胡椒 | 少々 |
| シシトウ | 2本 | オリーブオイル | 適量 |
| マッシュルーム | 2個 | 唐辛子 | 1本 |
| ニンニク | 2片 | | |

《手順》

1. ニンニクは半分に切って芯を抜く、唐辛子は種を抜く
2. パプリカは2㎝角くらいに切る。シシトウは半分に切り、ミニトマトはヘタを取っておく。マッシュルームは半分に切る。
3. 具材をスキレットに入れ、塩・胡椒で味付けし、オリーブオイルを浸かるくらい注ぐ
4. 火にかけ5分以上ゆっくり煮たら完成。

## レシピ05

### テナガエビのトマトクリームパスタ

生クリームを使わなくても濃厚でペロリと食べられます。トマト缶はしっかりと煮て砂糖を少し加えることで酸味を抑えることができます。最後にテナガエビを上に飾りつけると高級感が増します！

《材料2人前》

| | | | |
|---|---|---|---|
| テナガエビ | 4尾 | カットトマト缶 | 200ml |
| タマネギ | 1/2個 | 牛乳 | 100ml |
| ニンニク | 1片 | 砂糖 | 小さじ1 |
| マッシュルーム | 2個 | コンソメ | 小さじ1 |
| 唐辛子 | 1本 | オリーブオイル | 大さじ1 |
| パスタ | 180g | イタリアンパセリ | 適量 |
| | | 塩・胡椒 | 適量 |

《手順》

1. ニンニク、タマネギ、マッシュルーム、イタリアンパセリをみじん切りにする
2. フライパンにオリーブオイル、ニンニク、唐辛子を入れて弱火で熱し、香りが立ったらタマネギとマッシュルームを加えて中火でしんなりするまで炒める
3. トマト缶とテナガエビを加えて中火で煮て、コンソメ、砂糖、塩胡椒で味を整える
4. 鍋でパスタを茹でる
5. 茹で上がる直前にフライパンに牛乳とイタリアンパセリを入れる
6. パスタを絡めて完成

## さかな豆知識
sakana mame chishiki

# ワカサギ

### 分布
北海道全域、青森県から宍道湖・中海以北までの日本海沿岸、青森県から利根川までの太平洋岸に自然分布。現在は移植・放流によってほぼ全国に広がっている。

### 大きさ
成魚で10cm以上なら良型。最大は15cm前後。

### 釣期
晩夏～初春に釣れるが、地域によって異なる。また、湖によって解禁期間が決まっているところも多い。

| 1 | 2 | 3 | 4 | 5 | 6 | 7 | 8 | 9 | 10 | 11 | 12 |
|---|---|---|---|---|---|---|---|---|----|----|----|

### 棲んでいる場所
汽水・淡水の湖沼やダム湖、これらに注ぐ河川の下流域、または海の内湾とそれに続く河川に棲む。

私の住む静岡県から至近の山梨には山中湖、河口湖、芦ノ湖、模湖といったワカサギ釣り場が……釣りたてのワカサギはとにかく美……たくさん釣れても困りません！

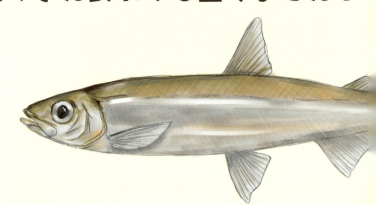

## ワカサギを釣ってみよう

### ボート＆ドーム船の釣り

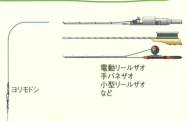

- ヨリモドシ
- 電動リールザオ / 手バネザオ / 小型リールザオ など
- 市販のワカサギ仕掛けでOK
  ハリ 細地袖 or 狐タイプ 2～2.5号
  ハリス 食いのいい時…フロロカーボン
  食いの渋い時…ナイロン
- エサ ベニサシ、アカムシなど
- ナス型オモリ

**ワンポイント** 冬の氷上釣りが有名ですが、ボート、桟橋、ドーム船、オカッパリとさまざまな釣り方があります。湖によって仕掛けも若干異なり、各湖の専用仕掛けも売られています。エサはサシやベニサシが一般的。その場合は半分にカットしてエキスが出るように装餌すると集魚効果が望めます。アタリは繊細で、サオの穂先は非常に軟らかく作られています。

**エサ・擬似餌** サシ、ベニサシ、ラビット、アカムシなど。透明度の高い湖では夏から秋に空バリでも釣れる。

福島県桧原湖や岩手県岩洞湖などは結氷ワカサギ釣りのメッカ。例年、年明けから開幕し、氷の上にはワカサギ釣りファンのカラフルなテントが並びます

県や神奈川県津久井湖、相目白押し。釣味しいので、

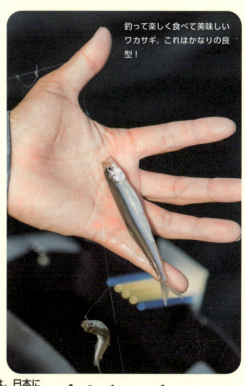

釣って楽しく食べて美味しいワカサギ。これはかなりの良型！

## 生活史

ワカサギは本来河川で孵化したのちに海で成長し、再び産卵のために河川に上る遡河回遊魚である。しかし、海との往来が困難な湖に移植されたものは、湖の中だけで一生を過ごす。
産卵期は1～5月であり、北方や高地ほど遅い傾向にある。春にふ化した仔魚は海の内湾や湖に流れ下り、満一年で成熟する。産卵後その多くは死ぬが、湖によっては2年目、3年目まで生きるものもある。大きな群れで回遊し、動物プランクトンを食べる。

## 特徴

本種が属するキュウリウオ科魚類は、日本に4属6種が産する。臀ビレの外縁がわずかに湾入すること、上顎の後端は眼の瞳孔の中心に達しないこと、縦列鱗数が60以下であること、アブラビレは小さくその基底は眼径より短いこと、吻長は両眼間隔より長いことで、本科の他種から区別できる。
水温、栄養塩、塩分などに広い適応性を示し、放流によって各地に定着している。

ワカサギ
キュウリウオ目キュウリウオ科の一種。太平洋側では茨城県霞ヶ浦以北、日本海側では島根県宍道湖以北の北日本に分布。そのほか食用魚として需要も高いことから日本各地の湖やダムに放流され個体が定着しています。

## 主な釣り方

岸やボートから、サビキ仕掛けでねらう。エサはアカムシやベニサシだが、時期と場所によってはカラバリでもよく釣れる。ボート釣りのほか、風雨をしのげてトイレも完備されているドーム船での釣りも人気も高まり、ドーム船専用のサオや電動リールも市販されている。結氷した湖での穴釣りは冬の風物詩。

ドーム船なら寒さ知らずで快適。結氷湖でも沖に固定したワカサギ小屋で同様にぬくぬくの釣りが楽しめます

エサのアカムシ、ベニサシのほか匂いで寄せるためのブドウムシも効果的

ドーム船では長いサオは使えないので短い穂先をセットしたワカサギ専用電動タックルを使います

エサのサシは両端にハリを刺し、真ん中をハサミでカットするとエサ付けが簡単！

*Love Fishing!*

真っ青な青空に
ワカサギが鈴なりで
映えるのが芦ノ湖ならで
は。もちろんシーズンは
夏だけではなく12月14日
まで釣れ続きます！

# 夏の山上湖で 空バリに鈴なり！

インバウンドの訪日旅行者にも大人気の箱根。その美しい湖畔を湖から眺めながら釣りを楽しめるのが芦ノ湖のワカサギ釣りの魅力です。しかも、寒い時期の風物詩的なイメージのワカサギですが、ここ芦ノ湖は関東で最も早い8月から釣れ始め、紅葉が楽しめる秋以降まで楽しめます。特に夏から秋はエサ要らずの空バリで釣れるので超お手軽です。

禁漁期間があるので、釣り可能期間は3月2日から12月14日（3月1日は特別解禁でルアーとフライ限定の釣り大会が行なわれます）。

夏真っ盛りの8月中旬、元箱根の芦ノ湖フィッシングショップノザキさんを利用してボートをお借りしました。ご主人の野崎茂則さんはとても気さくな方で、最近釣れている場所やよく釣れる仕掛けなど丁寧に教えてくださいました。野崎さんのおすすめの仕掛けは「スーパーパニック2.5号」。14本バリで全長は1.2mあります。

ちなみに釣れたワカサギのサイズは大小バラバラでしたが、ハリは2.5号で正解でした。オモリは3号を使い、こちらもちょうどよかったです。

サオはこれまでライトルアー

湖によっては短ザオに電動リール、5〜6本バリ仕掛けの組み合わせが定番ですが、芦ノ湖では5ft半クラスのロッドにスピニングリール、14本バリ仕掛けの組み合わせが人気です

ロッドやヘチザオなど穂先が柔らかくアタリが取りやすいものを流用していましたが、今回、芦ノ湖でも愛用者が多いワカサギ専用ザオを使用しました。5.4フィートなので多点バリ仕掛けもちょうどよく扱えましたし、小さなワカサギのアタリもサオ先から驚くほど感じ取れました！

リールは1000～2500番のスピニングリール、ラインはナイロン・フロロなら3ポンド以下、PEなら0.3～0.4号がおすすめです。

芦ノ湖にはマス類やブラックバスもいるので巻き上げ途中の掛かったワカサギに何かが食いつくこともあります。今回は、惜しくもハリを延ばされてしまいました。残念！

芦ノ湖の定番の空バリ仕掛け。エサを付ける手間がないので手返しよく数釣りが楽しめちゃいます

今回は船外機付きの和船をお借りしました。空バリの釣りは群れを追いかける釣りでもあるので機動力はあったほうが有利ですが、最盛期は群れの回遊ルートに手漕ぎボートをアンカーリングしても釣れます。でも、群れを探す釣りですのでこのような魚群探知機があると便利です

良型がズラズラズラリ！これは空バリ仕掛けの専用ザオなので、サオを立てれば仕掛けを巻き込まないでオモリをキャッチできるちょうどいい長さなんです

ワカサギは10cm以上あれば大型。このサイズになると天ぷらにしても食べ応えがあります

こちらが天皇家に献上されることで有名な芦ノ湖のワカサギ。めちゃくちゃ美味です

水深はその日によりますが、今回は13m前後がよいようでした。ワカサギの反応が出てきたところで釣り開始。

ワカサギは底付近にいることが多く、オモリが着底したら小刻みにサオ先を振り、底を叩いて誘いをかけます。するとプルプルとサオ先が揺れました。上げてみると、ワカサギが連なっています！　下のほうのハリには大きめのワカサギが掛かる感じでした。

後半、ポイント選びに迷っていると野崎さんがボートで見回りに来てくださり、「こっちがいいよ」と連れていってくれました。野崎さんはボートを器用に操りながらバワカサギをバンバン釣っています。その光景に呆気にとられながら近くに入らせていただくと魚探にはワカサギの群れが。落としてみるとワカサギが鈴なり！

今回はそんなに群れが止まらなかったので常に反応を探して群れの真上にボートを付けて釣りをする感じでした。釣れる時にはアンカーを打って群れの回遊を待つ釣りも楽しめます。

ワカサギはこうしたボートからの釣りのほか、ドーム船、結氷湖の穴釣りなど、さまざまなスタイルで楽しめ、釣ったあとの食べる楽しみも大きいです。ぜひ皆さんも楽しんでみてくださいね！

## ワカサギの下処理方法

1. 内臓は取らずにそのままお腹を押してフンを出す
2. ボールにワカサギを入れ、塩をバサッとかけて揉み洗いをしてぬめりや汚れを落とす
3. 流水でぬめりや汚れを流す。2回ほど繰り返す
4. キッチンペーパーで水気を拭く。バットにもキッチンペーパーを敷きワカサギを並べて冷蔵庫で水切りをする

# ワカサギのコンフィ

レシピ 01

コンフィはあくまでも『油で煮る』ので火は弱火にしてください。強いと揚げ物になります。もともとはオーブンで100℃の低温で2時間煮るのが一番美味しいですが、この時短方式でもいけます。その分、2日くらい寝かせたほうが味は馴染みます！

### 《材料 2 人前》

| | |
|---|---|
| ワカサギ | 30 尾 |
| オリーブオイル | ワカサギが浸るくらい |
| 塩・胡椒 | 適量 |
| ニンニク | 一欠片 |
| 鷹の爪 | 1/2 本 |

### 《手順》

1. ワカサギは水で洗ってから水分をきっちり切る
2. 鍋にワカサギ、ニンニク、鷹の爪を入れ、塩・胡椒をし、オリーブオイルを浸かるくらいまで入れる
3. 弱火で30分加熱する

# ワカサギコンフィのカナッペ

レシピ 02

パーティーメニューの定番！　ただ、パンに乗せるだけで映えます（笑）。一つでも可愛いですが、大きな平皿にずらっとカナッペを並べてみてください！映えます（笑）。

### 《材料 2 個分》

| | |
|---|---|
| ワカサギコンフィ | 3 尾 |
| オリーブ | 2 欠片 |
| ミニトマト | 1 個 |
| イタリアンパセリ | 適量 |
| フランスパン | 2 切 |

### 《手順》

1. 1.5cm程度の厚さに切ったフランスパンをオーブントースターで焼く
2. ワカサギのコンフィとお好みで半分にカットしたミニトマトやオリーブを飾りつける

# ワカサギコンフィのパスタ

レシピ 03

そのまま食べても美味しいコンフィですが用途はいろいろ。パスタとの相性もバッチリです。コツはニンニクをゆっくりオイルで熱して香りを出すこと。パスタは細めが合いますよー。

### 《材料 2 人前》

| | |
|---|---|
| ワカサギコンフィ | 12 尾（うち6尾は飾り用） |
| 塩・胡椒 | 適量 |
| ブロッコリースプラウト | 1/2 パック |
| ミニトマト | 4 個 |
| 鷹の爪 | 1/2 本 |
| ニンニク | 一欠片 |
| オリーブオイル | 大さじ 1 |

### 《手順》

1. ワカサギコンフィ6尾とコンフィのオリーブオイル（大さじ1）、刻んだニンニク、輪切りにした鷹の爪をフライパンに入れてゆっくりほぐしながら熱する
2. 別の鍋で好みのパスタを指定時間どおり茹でる
3. 4切れに切ったミニトマトを入れ、パスタの茹で汁と塩・胡椒で味を整える
4. パスタが茹で終わったら具材と合わせて完成。盛り付けたら残りの3尾のワカサギとブロッコリースプラウトを乗せ、胡椒を振ったら完成

### レシピ04
## ワカサギのかき揚げ

3cm以下のワカサギがたくさん釣れたときは、迷わずこれです！

《材料 1人前》

| | |
|---|---|
| ワカサギ | 50g |
| タマネギ | 1/4個 |
| 三つ葉 | 適量 |
| 天ぷら粉 | 20g |
| 水 | 20ml |
| 揚げ油 | 適量 |

《手順》

1. タマネギは薄切りにする
2. ワカサギ、タマネギ、ちぎった三つ葉をボールに入れ天ぷら粉をまぶす

3. 水を入れて混ぜ合わせる
4. 180℃に熱した油にフライ返しなどに具材を乗せてゆっくり油に落とす
5. ひっくり返して片面も揚げたら完成

---

### レシピ05
## ワカサギの柳川風

ゴボウとニンジンの歯応えとホクホクのワカサギ。卵とじにすることでまとまりが出てさらに美味しくなります。ご飯にかけて丼にしても◎。私は甘めが好きなので砂糖を少し多めにしています。

《材料 2人前》

| | | | | |
|---|---|---|---|---|
| ワカサギ | 50g | | 砂糖 | 大さじ3 |
| ゴボウ | 50g | | めんつゆ | 大さじ3 |
| ニンジン | 10g | | 溶き卵 | 2個分 |
| 水 | 100ml | | 三つ葉 | 適量 |
| 酒 | 大さじ2 | | | |

《手順》

1. ゴボウはささがきにする。約10分水に浸し、水気を切る。ニンジンは千切り
2. 鍋（小さなフライパンでも可）に水、酒、砂糖、めんつゆ、ゴボウ、ニンジン、ワカサギを入れて中火のふつふつしている状態で5分ほど煮込む。アクが出てきたら取り除く
3. 素材に火が通ったら強火にして溶き卵を全体に回し入れ、菜箸で数回全体を溶き、火を止める。三つ葉を盛り付けて完成

レシピ06

# ワカサギの3色フリット

ワカサギに粉を振ることで衣の液が付きやすくなります。スナック感覚で食べれちゃうのでパーティーメニューにおすすめです！

## 《材料2人前》

**紅生姜衣**

| | |
|---|---|
| ワカサギ | 5尾 |
| 紅生姜 | 15g |
| 薄力粉 | 50g |
| 水 | 40ml |

**青海苔衣**

| | |
|---|---|
| ワカサギ | 5尾 |
| 青海苔 | 5g |
| 薄力粉 | 50g |
| 水 | 40ml |

**チーズ衣**

| | |
|---|---|
| ワカサギ | 5尾 |
| 粉チーズ | 大さじ1 |
| 薄力粉 | 50g |
| 水 | 40ml |

## 《手順》

1. ワカサギに薄力粉を塗す（材料外）
2. 薄力粉、水をざっくりと混ぜる
3. 紅生姜は水気を切って粗めのみじん切りにする
4. 青海苔、紅生姜、チーズはそれぞれ②と混ぜ合わせる
5. ワカサギを④にくぐらせ170℃の油で揚げる。盛り付けて完成

レシピ07

# ワカサギの洋風炊き込みご飯

ワカサギフルコースの締めにどうぞ。味はピラフに近い感じです。ワカサギも炊飯器で炊くとフワフワになります。オリーブオイルを入れて炊くので冷めても美味しいです！

## 《材料2人前》

| | |
|---|---|
| 米 | 1合 |
| 水 | 1合分 |
| ワカサギ | 50g |
| ミニトマト | 4個 |
| 黄パプリカ | 1/8個 (20g) |
| ニンニク | 1/2欠片 |
| 酒 | 大さじ1/2 |
| 塩 | 小さじ1/4 |
| 黒胡椒 | 少々 |
| コンソメ | 小さじ1/2 |
| オリーブオイル | 小さじ1 |
| イタリアンパセリ | 適量 |

## 《手順》

1 米を洗い、水に入れて30分浸す
2 パプリカは適当な大きさに切る
3 ワカサギはフライパンで焼き目をつける

4 イタリアンパセリ以外の材料をすべて米と合わせる

5 炊飯のスイッチを入れ、炊き上がったら、ご飯を混ぜる。ワカサギやニンニクも適度に潰す

6 お皿に盛りつけて刻んだイタリアンパセリを盛り付けて完成

## さかな豆知識
sakana mame chishiki

# ニジマス

### 分布
原産地はアラスカ〜カリフォルニアとカムチャツカ半島。日本では北海道の一部に定着しているが、そのほかは放流魚が大半である。

### 大きさ
一般的には40cm前後で、湖に棲むものなどは80cm以上に達する個体もいる。

### 釣期
河川では解禁期間に準じ、おおむね3〜9月ごろ。近年は止水の管理釣り場で秋から冬の人気ターゲットとして親しまれており、ほぼ周年釣りが行なわれている。

| 1 | 2 | 3 | 4 | 5 | 6 | 7 | 8 | 9 | 10 | 11 | 12 |
|---|---|---|---|---|---|---|---|---|----|----|----|

### 棲んでいる場所
河川の渓流域や冷水の湖沼に多く放流されている。

渓流や湖に放流されたニジマスも楽しいですが、たくさんのバスが得られるのはエリアとも呼ばれる釣り場。美味しいブランド鱒も増え

## ニジマスを釣ってみよう

### ルアー

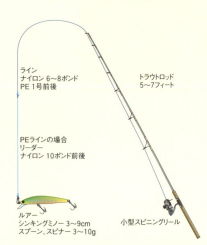

ライン
ナイロン 6〜8ポンド
PE 1号前後

トラウトロッド
5〜7フィート

PEラインの場合
リーダー
ナイロン 10ポンド前後

ルアー
シンキングミノー 3〜9cm
スプーン、スピナー 3〜10g

小型スピニングリール

**ワンポイント** 管理釣り場などでおなじみの魚で、初めて釣ったのがニジマスだという人も多いのではないでしょうか。管理釣り場＝釣り堀というイメージは過去のもので、現在はエリアトラウトと呼ばれるルアー釣りの人気ジャンルになっています。養殖魚のイメージが強いですが、北海道などでは野生化した大型もいて非常にパワフルです。

**エサ・擬似餌** ルアー（渓流・本流：シンキングミノー、スプーン、スピナー。管理釣り場：スプーン、小型クランクベイト、メタルバイブなど）

ポンド（池）タイプの管理釣り場。足場もよくたくさんのマスが放流されています

管理釣り場では 6ft 台のエリアトラウトロッドと2000番台のスピニングリールが標準。ルアーはスプーン、プラグ、メタルバイブの出番が多いです

山梨県の河川でシンキングミノーにヒットしたニジマス。河川、湖沼、管理釣り場でねらえる人気の魚

をねらう釣り
イトやチェイ
ばれる管理釣
ていますよ！

**ニジマス**
サケ目サケ科サケ属。日本に初めて持ち込まれたのは1877年。基本的には冷水性の魚ながら、25℃前後の高水温にも適応できるため養殖も盛んで日本各地の管理釣り場で人気の釣り対象魚になっています。体側には、エラブタから尾柄にかけて名前の由来でもある朱色あるいは赤紫色の縦帯が通ります。

## 生活史

自然繁殖できるフィールドは限られており、今回取り上げるのは管理釣り場やそれに準じる放流が盛んな湖でのニジマスはほぼ繁殖行動はしない。
養殖されたニジマスは、1歳で20cm（100g）、2歳で35cm（400g）、3歳で45cm（1kg）に達する。
肉食性で、甲殻類や小魚、昆虫などを食べるが、特に湖で大型化したものは強い魚食性を示す。

## 特徴

日本に初めて導入されたのは1877年。基本的には冷水性。体側に朱色あるいは赤紫色の縦帯が通っており、腹面を除くほぼ全身に小さな黒点が散りばめられている。

## 主な釣り方

渓流ではミミズ、水生昆虫やイクラなどを使ったミャク釣り、ウキ釣り。ルアーやフライにもよく反応するほか湖ではトローリングでねらうこともある。
また現在はエリアトラウト（管理釣り場のマス釣り）が人気で、特にルアー釣りファンが年々増えている。

### 仕掛け名

天井イト
ナイロン
0.8～1号 3～4m
（※イトの消費を抑えるため、なくてもよい）
電車結び、たわら結びなど

サオ
本流ザオ 8～9m

水中イト
フロロカーボン 0.6～0.8号

化繊目印
3～4個

ガン玉
3B～1号
（流速に応じて数珠状に付けてもよし）

50～70cm
（オモリを重くするほどハリまでの距離は長めに）

外掛け結び、漁師結び
マスバリ 9～10号

**ワンポイント**　管理釣り場の管理池ならウキ釣り仕掛けでも攻略できるが、自然渓流を利用した釣り場では、ミャク釣り仕掛けのほうがベター。イトに付けた目印を頼りに流れの筋に合わせてエサをトレースする。管理釣り場以外にも大型ニジマスをメインに放流する本流釣り場も多く、冬季釣り場として開放されていることが多い。

**エサ・擬似餌**　ミミズ・イクラなど

自然の渓流を利用した管理釣り場もあり、どちらかといえばエサ釣りに分があります

管理釣り場にはこのように釣ったマスを塩焼きにできるサービスも！

貸しザオにイクラエサを使えばお子さんでも連発しますからファミリーフィッシングにも最適！

塩焼きばかりではなくバターやオリーブオイルを使った洋風も人気！

貸しザオにイクラエサを使えばお子さんでも連発しますからファミリーフィッシングにも最適！

最近は魅力的なエリアが増えて嬉しいかぎり。家族や仲間たちと一緒に安全に楽しむのに最適です!

# エリアも湖も楽しいニジマス釣り

*Love Fishing!*

　エリアトラウトは以前から大好きで冬場を中心によく遊びに行っています。とにかく魚の量が安定していますし、目の前にルアーを投げれば追ってくるところ、見切って反転してしまうところ、猛然とバイトするところなどが丸見えで興奮します。

　時間制で、3時間だけ、半日だけ、ちょっと濃密に遊びたいなというときに便利な施設です。初めての方にも、多くの管理釣り場でレンタルタックルの用意がありますので、事前にホームページ等でチェックして出掛けてみてください。

　基本はキャッチ&リリースですが、3尾までとか、5尾までとか持ち帰り可能なところも多く、食べる楽しみもあります。最近は刺身で食べられるほど美味なブランド鱒も増えています。

　ニジマスは管理釣り場だけではなく、ヤマメやイワナのいる自然の渓流にも放流されているところもあります。こちらは解禁期間が決まっています。

　そのほか、前項ワカサギ釣りで紹介した芦ノ湖ですが、ねらえる魚の種類が多いのも芦ノ湖の魅力です。ワカサギ以外にもニジマス、ブラウントラウト、ヒメマス、コーホサーモン、サクラマス、オオクチバス、コイ、ヘラブナ、ウグイなどが生息し、エサ釣りからルアー・フライと幅広い釣りが楽しめます（ワームの使用は禁止）。フィッシュイーターであるマス類

エリアトラウトは毎週末にどこかで大会が開かれるほど人気のジャンル。やればやるほど奥が深い沼のような面白さがあります

大きめのプラグでヒットさせた美形のニジマス

レンタルタックルも充実していますので手ぶらでOKのところも多いです。家族や仲間とワイワイ楽しむにも最高の施設です

次のページからのニジマス料理は人気のブランド鱒の頂鱒を使っています

とっても赤みが強い鮮やかな頂鱒。刺身でもいただけます！

も多いので、ワカサギ釣りの合間にねらうとお土産が増えちゃいます。

　おすすめの釣り方は2種類。まずは釣ったワカサギをエサにした泳がせ釣り（ムーチング）。釣ったワカサギは夏場、バケツの中に入れておくとすぐに弱ってしまうので、クーラーにブクを付けて保管しましょう。

　サオはアタリが分かりやすいもので、かつ60cm級の大物も取れる強さのあるものを選びます。私はスピニングならトラウトロッド、ベイトならタイラバロッドを使用します。PEラインは0.8号、腕長20cmほどのテンビンに3号のオモリを付けます。ハリスは2号を50cm、ハリは渓流バリの7号を使います。釣れる魚のサイズの大小に合わせて7〜9号を用意しておくとよいかも。

　死にエサでも釣れますが、活きのいいワカサギを選び、素早くハリを鼻に掛けたほうが釣れます。仕掛けを底まで落としたらハリス分の高さ以上上げます。アタリがあってもすぐには合わせず、食い

芦ノ湖のワカサギ釣りは合間をみてマス釣りも楽しむのがお約束です。生きたワカサギを泳がせるムーチングならかなりの確率でドラマが起きますよ

込むまで待つのがポイント。特にヒメマスは口が小さくワカサギを飲み込むまで時間がかかるようです。

そしてもうひとつ、10年前からハマっている釣りがレイクジギングです。

湖でジギング？　と最初は半信半疑でしたが、ジグへ果敢にアタックしてくるマスたちに魅了されました。芦ノ湖でワカサギが釣れ盛る夏場はマスたちは適水温を求めて深場に落ちており、ジギングなら効率よくねらえるというわけです。

魚探を見ていると斜めに細かい線が出てくることがあります。この時は底付近ではなく水深20mで、底から8m程度上げたところに出ていました。

今回のワカサギ釣りの合間のマ

愛旦那のぶんちゃんは赤金30gのメタルジグでニジマス35cm！

釣り仲間のSUUちゃんも赤金30gでヒメマス35cm！ヒレピンの美形魚でした！

スねらいは不発に終わりましたが、昨年の秋にも同じメンバーでレイクジギングに挑戦し、SLJ（スーパーライトジギング）ロッドにPE0.8号、リーダー10ポンド、赤金30gのメタルジグでニジマス35cmが釣れ、赤金30gのメタルジグでヒメマス35cmも釣れました。どちらも尾ビレがピンピンの美形魚で、とっても美味しかったです。

レシピ01

# マスのマリネ

最近は生食可能な頂鱒などのブランド鱒も増えています。お酒のお供にもとても合います。今回はリンゴ酢で優しい味わいにしましたが、米酢やワインビネガーでも美味しいです！

## 《材料2人前》

| | |
|---|---|
| 40㎝以上の頂鱒 | 半身 |
| クリームチーズ | 20g |
| タマネギ | 1/4個 |
| 薄切りレモン | 2枚 |
| ブロッコリースプラウト | 適量 |
| リンゴ酢 | 大さじ2 |
| オリーブオイル | 大さじ2 |
| 塩 | 小さじ1/4 |
| ブラックペッパー | 適量 |

## 《手順》

1. 輪切りレモン2枚をそれぞれ6分の1にカットする。タマネギは薄切りにして10分ほど水にさらす。その後、水気をしっかり切る
2. クリームチーズを0.5㎝角に切る
3. マスは三枚おろしにして腹骨をすき、上肋骨を抜いて皮を引き、そぎ切りにする

4. オリーブオイル、リンゴ酢、塩、ブラックペッパーを混ぜておく
5. ボウルにタマネギ、レモン、マスを乗せる

6. 合わせた調味料（④）を注ぎ、クリームチーズを加えて全体を混ぜたら冷蔵庫で冷やす。彩りとしてお皿にブロッコリースプラウトを散らしてから盛り付けたら完成

レシピ 02

# マス南蛮

チキン南蛮ならぬマス南蛮。ふわふわっとした身は衣を纏うことによってその食感と美味しさがアップします！甘酢ダレのサッパリ感とタルタルソースで食べ応えの一品となりました。タルタルソースをたっぷりかけて召し上がれ！

## 《材料 2 人前》

| | |
|---|---|
| 30㎝前後のニジマス | 2 尾 |
| 塩・胡椒 | 適量 |
| 卵 | 1 個 |
| 小麦粉 | 大さじ 2 |
| マヨネーズ | 大さじ 1 |
| 揚げ油 | 適量 |

【甘酢タレ用】

| | |
|---|---|
| 醤油 | 大さじ 2 |
| 砂糖 | 大さじ 2 |
| 酢 | 大さじ 1 |

【タルタルソース用】

| | |
|---|---|
| ゆで卵 | 1 個 |
| タマネギ | 1/4 個 |
| マヨネーズ | 60g |
| レモン汁 | 小さじ 1 |

## 《手順》

1. マスは三枚おろしにして腹骨をすき、上肋骨を抜く。皮を引いたら一口大に切り、塩胡椒を振っておく
2. 薄力粉、溶き卵、マヨネーズを混ぜたものにマスをくぐらせる

3. フライパンから 2㎝ほどの高さまで揚げ油を注ぎ、180℃に熱してこんがりと揚げ色を付け、中まで火が通ったら油切りをする

4. 甘酢ダレを作る。耐熱ボウルに醤油、砂糖、酢を入れて混ぜ合わせる
5. ラップをし、600W の電子レンジで 1 分加熱して甘酢ダレの完成
6. タルタルソースを作る。タマネギはみじん切りにする
7. ゆで卵を作りみじん切りにする
8. タマネギ、ゆで卵、マヨネーズ、レモン汁を混ぜ合わせタルタルソースの完成

9. マスが揚がったら、熱いうちに甘酢ダレにくぐらせ、タレをなじませる
10. お皿に盛り付けてタルタルソースをかけて完成！

レシピ03

# マスのチーズパイ

マスとクリームソースの相性は抜群で、サックサクの生地のバランスが◎！外に出かける時にもパーティにも喜ばれる一品です。冷凍パイシートを使うと手軽に美味しく作れちゃいます！

《材料 2 人前》

| | |
|---|---|
| 40cm以上のマス | 半身 |
| ホウレンソウ | 2束 |
| タマネギ | 1/4個 |
| マッシュルーム | 3個 |
| オリーブオイル | 適量 |
| 薄力粉 | 大さじ1 |
| バター | 15g |
| 牛乳 | 100ml |
| 塩・胡椒 | 適量 |
| チーズ | とろけるタイプ3枚 |
| 冷凍パイ生地約（10×20cm） | 3枚 |
| 卵 | 1個 |

《手順》

**1** 冷凍パイシートを解凍しておく。オーブンを200℃に予熱しておく

**2** マスは三枚おろしにして腹骨をすき、上肋骨を抜いたら皮を引き、半身を3等分に切り分ける

**3** ホウレンソウは4等分に、タマネギ、マッシュルームは薄切りし、オリーブオイルで炒める。しんなりしてきたら薄力粉とバターを足してさらに炒める

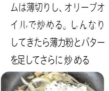

**4** 粉っぽさがなくなってきたら、牛乳を加え、とろみがつくまで煮詰める

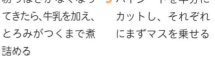

**5** パイシートを半分にカットし、それぞれにまずマスを乗せる

**6** マスの上に炒めた③を乗せる

**7** その上にチーズを乗せ、胡椒を振りかける

**8** パイ生地を重ね合わせ、端をフォークで押さえてくっつける（飾りつけもしました）

**9** 表面に卵を刷毛で塗り、200℃で20分ほど焼く

レシピ 04

# マスと丸ごとタマネギの炊き込みご飯

タマネギの優しい甘さとふわふわのマスを味わえます。バターと醤油が食欲を増進。釣りに持って行く時はおにぎりにも♩今回は普通のタマネギで作りましたが、新玉の季節は甘みのある柔らかい炊き込みご飯ができるのでそちらもお試しあれ！

《材料 1 人前》

| | |
|---|---|
| 30cm前後のマス | 1 尾 |
| 米 | 2 合 |
| シメジ | 1 パック |
| コンソメ | 小さじ 2 |
| バター | 10 g |
| タマネギ | 1 個 |
| パセリ | 適量 |
| 醤油 | 適量 |

《手順》

1 米は研いでおく。マスは三枚におろしにして腹骨をすき、上肋骨を抜いたら皮を引き、一口大に切る。シメジは石づきを切って小房に分ける。タマネギは上下を切り落とし、完全に切り離さないように途中まで十字に切り込みを入れる

2 炊飯器に米を入れ、2 合の目盛りまで水を加え、タマネギ、マス、シメジ、バター、コンソメを加えて通常炊飯する

3 炊き上がったら混ぜ合わせ、醤油をひと回しかけて器によそい、パセリを散らす

レシピ05

# 頂鱒のカンジャンヨノ
## (韓国風サーモン漬け)

青唐辛子を使うことで爽やかな辛みと甘みのある醤油ダレがマスの刺身を引き立てます。青唐辛子は熱してもとても辛いので調整してください。

《材料2人前》

| | |
|---|---|
| 40cm以上の頂鱒 | 半身 |
| タマネギ | 1/4個 |
| 青唐辛子 | 2本 |
| 水 | 150ml |
| 醤油 | 100ml |
| 酒 | 50ml |
| みりん | 50ml |
| 砂糖 | 大さじ1 |
| 炊き立てご飯 | 2人前 |
| 卵 | 2個 |

《手順》

1 マスは三枚おろしにして腹骨をすき、上肋骨を抜いて皮を引き、そぎ切りにする

2 タマネギは薄切りにし、青唐辛子は輪切りにする

3 鍋に青唐辛子、水、醤油、酒、みりん、砂糖を入れ15分ほど煮込む

4 粗熱が取れたら、容器にマスと醤油ダレを入れて1日漬ける

5 ご飯にマスを乗せて真ん中に卵黄を落としたら完成

# 第3章
## 海のオカッパリで こんな釣りや料理が 楽しめます！

食べて美味しいお魚たちが私たちの身の回りにはたくさんいます。ここからは船に乗らなくても、**岸からでも釣れる海のお魚たちと**その美味しい調理法について書かせていただきます！

# さかな豆知識
sakana mame chishiki

# メバル

小さいながらもベイトフィッシュを回すどう猛さを併せ持ち、ルアーこぶるつきのよさ。堤防や漁港か手軽ターゲッジと人気

## 分布
アカメバル：北海道積丹半島から長崎県までの日本海・東シナ海沿岸、津軽海峡から紀伊水道までの太平洋沿岸、瀬戸内海、宮崎県に分布。
クロメバル：津軽海峡から長崎県までの日本海・東シナ海沿岸、津軽海峡から紀伊水道までの太平洋沿岸、瀬戸内海、高知県以布利に分布。
シロメバル：津軽海峡から九州北西岸（有明海を含む）までの日本海・東シナ海沿岸、津軽海峡から三重県までの太平洋沿岸、瀬戸内海に分布。

## 大きさ
釣れるものは20cm前後が多く、最大で35cmを超えるものもいる。

## 釣期
周年釣れるが、11～翌4月ごろがハイシーズン。

| 1 | 2 | 3 | 4 | 5 | 6 | 7 | 8 | 9 | 10 | 11 | 12 |
|---|---|---|---|---|---|---|---|---|----|----|----|

## メバルを釣ってみよう

### ウキ釣り

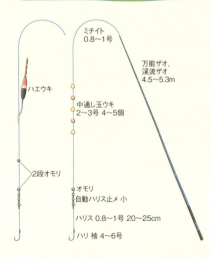

ミチイト 0.8～1号
ハエウキ
万能ザオ、渓流ザオ 4.5～5.3m
中通し玉ウキ 2～3号 4～5個
2段オモリ
オモリ
自動ハリス止メ 小
ハリス 0.8～1号 20～25cm
ハリ 袖 4～6号

**ワンポイント** ノベザオでねらうと小型のメバルでも小気味よい引きが楽しめます。小磯や堤防など、エントリーしやすいフィールドでねらえるのでビギナーやファミリーにもおすすめ。サオは万能ザオや渓流ザオの4.5～5.3mがあればたいていのフィールドで事足りるはず。エサはモエビ、オキアミやアオイソメなど。

**エサ・擬似餌** モエビ、オキアミ、アオイソメ。

シンプルな玉ウキ仕掛けのほかクロダイ用のヘチ釣りタックルもアタリが取りやすい！

エサは各種使えますが活きたモエビは特効エサ

釣り人の憧れともいえる尺メバル。この魚は初夏に常磐のボート釣りでメタルバイブにヒットした33cm

を大胆に追い
への反応もす
らねらえるお
トとしてはア
を二分します。

メバル
スズキ目カサゴ亜目メバル科メバル属。上品な白身の食べて美味しい魚で私の住む関東や東海沿岸部で普通に見られます。2g以下のジグヘッドと2in以下のワームを使ったライトルアーの遊び相手としては元祖的存在です。

### 棲んでいる場所

通常水深50m以浅の浅海域でみられるが、種によって好む環境が異なる。アカメバルはガラモ場やアマモ場を好み、クロメバルはやや外洋に面した岩礁を好み、シロメバルはやや内湾的な環境に好んで棲む。

### 生活史

晩秋に交尾をし、冬〜早春に4.9〜5.7mmの仔魚を数千尾産む。仔魚は14〜20mmで稚魚期へと移行する。稚魚はアマモ場で成長し、1歳で8cm、2歳で12cm、3歳で15cmに成長し、3歳までにほとんどの個体が成熟する。成長は遅く、5歳で20cm台に到達する。寿命は10数歳と考えられている。
夜行性が強く、日中は斜め上を向いて中層で休息していることが多い。肉食性で、多毛類や甲殻類のほか、小魚なども食べる。

### 特徴

長年議論が続いていたメバルの分類は2008年にようやく決着し3種に分けられた。アカメバルは、体型が最もスマートで、各ヒレが黄・橙色を帯びて明るく派手。クロメバルは、体色が最も黒っぽく背側が緑〜青味がかり、ヒレは黒っぽく、体型は後方まで体高があるため四角い感じに見える。シロメバルは、体色は背側が茶色で腹側は白から金色、ヒレは薄茶〜濃い茶色だが、色彩は変異に富む。胸ビレ条数は、アカメバル15本、クロメバル16本、シロメバル17本。

### 主な釣り方

岸からは、電気ウキにエビやイソメのエサでねらう夜釣りのほか、ルアー釣りが大人気。沖釣りではドウヅキ仕掛けで活きエビや活きイワシをエサにして釣る。

### ルアーフィッシング

**ワンポイント** 沖では昼間もねらいますが、夜行性のため岸からは夜釣りがメインです。ルアーでねらうことをメバリングなどと呼び、2in前後のソフトルアーに軽量ジグヘッドの組み合わせがポピュラー。小型のミノーやメタルジグでも釣れます。

**エサ・擬似餌** ソフトルアー、小型ミノー、メタルジグなど。

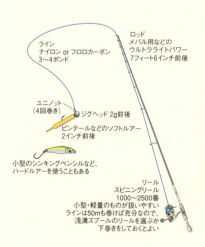

ライン
ナイロン or フロロカーボン
3〜4ポンド

ロッド
メバル用などのウルトラライトパワー
7フィート6インチ前後

ユニノット
（4回巻き）
ジグヘッド 2g前後

ピンテールなどのソフトルアー
2インチ前後

小型のシンキングペンシルなど、ハードルアーを使うこともある

リール
スピニングリール
1000〜2500番
小型・軽量のものが扱いやすい
ラインは50mも巻けば充分なので、浅溝スプールのリールを選ぶか下巻きをしておくとよい

このサイズのジグヘッドリグを表層付近でスローに巻くのがメバリングの定番テクニック

トップ（水面）への反応もよし！ メバル専用のペンシルベイトやポッパーもあります

オカッパリでもボートからでも
エサでもルアーでも楽しめます！

Love Fishing!

# 釣れたメバルはシロとクロ

　冬のオカッパリはあまり釣りものがないですが。そんな中で引きが強く楽しめるのがメバリングです。

　初めてルアー釣りをした際、初めて釣れた魚がメバルでした。釣りを始めて間もない大学生だった私はルアー釣りの楽しさをそこで知りました。アイスジグで釣れましたがジグやワームに挑戦したのもこれがきっかけとなったと思います。エサ釣りにはない手軽さや釣り方の多彩さもメバリングの魅力ですね。夜釣りは明暗を通すように4g程度のジグを投げて着水したら色んな層を通すようにただ巻きしていると釣れます！

　さて今回、食材としてのメバルを釣りに向かったのは千葉県木更津港の宮川丸さん。ここには6年くらい前に家族でシロギス釣りに来て以来の再訪で、今回は港湾部のライトルアー船です。

　夕方に乗船し、まずは消波ブロックに向かってワームのジグヘッドリグをキャスト。でも、私にはメバルは釣れず、ソイやカサゴのみ。引いてくるレンジが低かったのかな？

　移動し、水深10m程度のポイント。ここからはバチコン仕掛けをセットしつつ、もう一本で橋脚

写真が粗くてすいません！二十歳の大学生のときにオカッパリからルアーで釣ったメバルとカサゴです

オカッパリの釣りは手軽で簡単！

まずはジグヘッドリグでメバルを。こちらは型が小さめでした

周りにプラグをキャストするという二刀流。これでいいサイズのメバルをゲット！

ヒットルアーはクリアピンクレッドカラーのシンキングペンシル。釣れるのは20cm以上といい型のメバルばかりで今回の料理のページの食材になってくれました。

なお、釣れたメバルはおそらくシロメバルとクロメバル。見分けが難しいですが、胸ビレ条数に違いが見られたのとなんとなく体色の違いが感じられました。写真は鱗を取った状態。左の胸鰭軟条数が16でしたのでクロメバル。右は胸鰭軟条数が17でしたのでシロメバルだと思いますが、現地での見分けはほとんど分かりません。味はどちらも美味しかったですね。

プラグで釣れるメバルは型がよかったです

下が胸ビレの軟条数16のクロメバル。上は胸ビレの軟条数が17のシロメバル

レシピ01

# メバルの煮付け

煮付けの分量は比率で覚えると応用可能です。私の場合、醤油：みりん：調理酒：砂糖＝1:1:1:0.5で覚えています。甘さの好みは砂糖の量で調整してください。水の量は汁で魚が浸かるぐらいならOKです。

《材料 1人前》

| | |
|---|---|
| 20cm前後のメバル | 1尾 |
| 醤油 | 大さじ3 |
| みりん | 大さじ3 |
| 砂糖 | 大さじ1.5 |
| 調理酒 | 大さじ3 |
| 水 | 大さじ5 |
| 生姜スライス | 3枚 |

《手順》

1 メバルはウロコ、エラ、内臓を取り除き、隠し包丁を入れる
2 ボウルに魚を入れて熱湯（90℃程）をたっぷりとかける。直接熱湯が魚に触れてしまうと身が崩れてしまうのでクッキングシートなどでカバーして熱湯をかける

3 水道水で冷ましながら残った血やウロコなどを丁寧に落とす。ここまでの一連の流れを霜降りといい、このひと手間を加えることで臭みが消えて美味しくなる。あら汁やアクアパッツァなど水を使う他の料理でも活用できる

4 鍋に調味料を入れて煮立たせる
5 煮立ったらメバルと生姜を入れてアルミ箔などで落し蓋をする。中火で8分煮る
6 落とし蓋をはがし火を強くして煮汁を魚にかけつつ好みのとろみになったら完成

レシピ 02

# メバルのレモングラス蒸し

レモングラスはレモンによく似たフレッシュな香りと爽やかな風味が特徴のハーブ。魚の臭みを消してくれて、シンプルな包み焼きがより豊かな味わいに。お好みで醤油やナンプラーをかけるのもオススメ！

### 《材料 1 人前》

| | |
|---|---|
| 20cm前後のメバル | 1 尾 |
| 調理酒 | 大さじ 2 |
| 塩 | 少々 |
| レモングラス（乾燥） | 0.5 g |

生姜スライス　お好み

### 《手順》

1 メバルはウロコ、エラ、内臓を取り除き、隠し包丁を入れ、塩を振る
2 クッキングシートにレモングラスを敷き、メバルと、生姜スライスを乗せて調理酒をかける

3 クッキングシートでくるんだら電子レンジ（500wなら2分半）で加熱する。レンジを使わず、せいろで蒸してもオッケー

4 お好みでレモンや醤油やナンプラーをかける（パクチーも合います！）

レシピ03

# 春のメバル中華風炊き込みご飯

《手順》

1. メバルはウロコ、エラ、内臓を取り除く
2. 生姜、ニンジンは千切り、タケノコは賽の目切りにする
3. ごま油を引き、生姜、ニンジン、タケノコを炒める

4. 水、オイスターソース、みりん、日本酒、鶏がらスープの素、醤油を合わせて、③に加えてひと煮立ちさせたら火を止めて粗熱を取る

5. 洗った米を炊飯器の釜に入れ、④を入れる。その上にメバルを置いて通常炊飯する。土鍋なら強火にして沸騰したら弱火で15分。火を止め蓋をしたまま10分蒸らして完成

6. 鍋に湯を沸騰させ、塩、菜の花を入れて中火で3分ほど茹で、お湯を切る。流水にさらして粗熱を取り、水気を切り、根元を切り落として2cm幅に切る
7. 炊き上がったらメバルを取り出し、骨を取り除き、菜の花も加えてよく混ぜ合わせる

具材はその時期の旬の野菜を活用してください。お茶漬けも美味しいですし、おにぎりにして春の釣り場へGOするのもいいですよ！

《材料4人前》

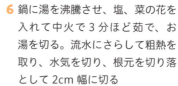

| | |
|---|---|
| 20㎝前後のメバル | 1尾 |
| 生姜 | 5g |
| ニンジン | 1/3本 |
| タケノコ | 100g |
| 菜の花 | 5本 |
| 米 | 2合 |
| 水 | 400ml |
| オイスターソース | 大さじ2 |
| みりん | 大さじ2 |
| 日本酒 | 大さじ2 |
| 鶏がらスープの素 | 小さじ4 |
| 醤油 | 大さじ1 |
| ごま油 | 大さじ1 |

レシピ 04

# メバルのズッパ・ディ・ペッシェ

本場のものは有頭エビやムール貝などがゴロゴロ入っていますが、今回は簡単に冷凍シーフードを使用しました。シンプルですが魚の旨みが感じられる魚介スープです！ご飯とチーズを加えてリゾットに、スープパスタにするもよしです♪

《材料 1人前》

| | |
|---|---|
| 20cm前後のメバル | 1尾 |
| 冷凍シーフード | 150g |
| ニンニク | 1片 |
| タマネギ | 1/4個 |
| ズッキーニ | 1/4個 |
| 黄パプリカ | 1/4個 |
| トマトピューレ | 200g |
| 水 | 100ml |
| オリーブオイル | 大さじ1 |
| 塩・胡椒 | 少々 |
| コンソメ | 大さじ1 |
| イタリアンパセリ | 5束 |

《手順》

1. 冷凍シーフードを解凍。ニンニク、タマネギ、イタリアンパセリをみじん切り、ズッキーニ、パプリカは1cm角に切る
2. メバルはウロコ、エラ、内臓を取り除き、隠し包丁を入れる
3. フライパンにオリーブオイルとイタリアンパセリ、ニンニクをゆっくり弱火で温めて香りを出す
4. タマネギをしんなりするまで炒めて、ズッキーニとパプリカを加えて炒める

5. メバル、冷凍シーフード、トマトピューレ、水を加えてコトコトと10分中火で煮込む

6. コンソメと塩・胡椒で味を整える
7. お皿に盛り付けパセリとオリーブオイルをかけて完成

## さかな豆知識
sakana mame chishiki

# カマス

私の住む静岡県ではポピュラーが接岸すると漁港は早朝から釣せるほど人気が高いです。釣って美味しい大衆魚の鏡のような

### 分布
北海道から九州南岸までの日本海・東シナ海沿岸、北海道から屋久島までの太平洋沿岸、瀬戸内海、奄美大島、沖縄島まで広く分布。

### 大きさ
最大50cm。岸からの釣りでは30～40cmがメイン。

### 釣期
夏から秋にかけて接岸する。

| 1 | 2 | 3 | 4 | 5 | 6 | 7 | 8 | 9 | 10 | 11 | 12 |
|---|---|---|---|---|---|---|---|---|----|----|----|
|   |   |   |   |   |   | ● | ● | ● | ●  |    |    |

### 棲んでいる場所
サンゴ礁を除く沿岸浅所に棲み、港や堤防周辺などに多い。

### 生活史
産卵期は5～8月で、産卵期間中に繰り返し産卵する。1回に20万粒、産卵期を通じては100万粒を産む。秋には5cm前後の稚魚となり、藻場や沿岸浅所の表中層を群れ

**ルアーフィッシング**

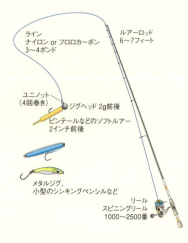

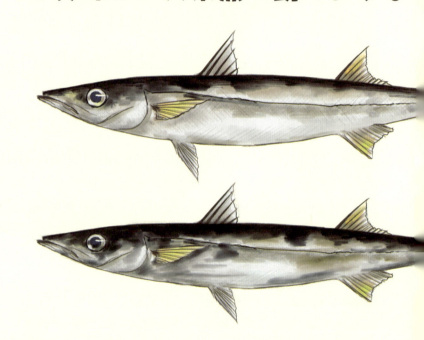

## カマスを釣ってみよう

**ワンポイント** 小型ながらアグレッシブなフィッシュイーターでライトソルトルアーの好ターゲットです。潮通しがよく、エサが回遊してくる堤防の先端がねらいめ。タックルはメバルやアジなどのライトソルト用、もしくはバスやトラウトタックルでも充分。基本的に表層から中層ねらいになりますが、ボトムで当たることも。アタリダナをいち早く見つけましょう！

**エサ・擬似餌** ルアー（メタルジグ、小型シンキングペンシル、ワーム）。

な魚で、群れり人が押し寄て楽しく食べ魚ですね。

小型のメタルジグに果敢に食いついてくるカマス。ワームのジグヘッドリグでもよく釣れるが丸呑みされると歯でラインブレイクしやすいので注意しましょう

カマス
スズキ目サバ亜目カマス科カマス属。標準和名はアカカマス。本種のほかに沿岸ではヤマトカマスも釣れます。

で遊泳する。シラスや小型甲殻類を食べて成長し、1歳までの成長は早く25cmに達する。1歳魚以上になると、春から秋には主に水深30m以浅で生活し、冬には水深100m以深に落ちる。2歳で30cm、3歳で34cmになり、寿命は7歳前後と考えられている。

### 特徴

スーパーではアカカマスは「ホンカマス」、ヤマトカマスは「ミズカマス」と表示されることが多い。カマス科は日本に9種類生息しているが、沿岸域ではこの2種の漁獲量が圧倒的に多く、旬はアカカマスが秋から冬、ヤマトカマスは夏。ヤマトカマスは水分が多い身質のため安価で取引され、干ものなどに加工されることが多い。
しかしそれはカマスは鮮度落ちがとても早いのが理由の一つで、釣りたてのミズカマスならしっかりと冷やして持ち帰り、その日のうちにぜひ刺身で賞味したい。三枚おろしにしたら塩で締めて余分な水分を抜いてから刺身にする。皮を引かずに炙ってもいい。
アカカマスとミズカマスは第1背ビレと腹ビレの位置関係で見分ける。アカカマスは腹ビレが前についているのに対してヤマトカマスはほぼ同じ位置。

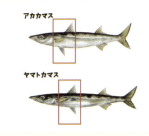

### 主な釣り方

魚食性が強いことからルアーや擬餌餌への反応がすこぶるよく、近年はルアー釣りの人気が高い。小型のメタルジグやブレードジグを用いたキャスティングがお手軽かつよく釣れる。低水温期には深場ねらいの釣りとなり、相模湾では伝統的なサビキ仕掛けを用いた乗合船が出る。

メバルタックルなら3〜7gといった小型メタルジグがマッチ。バスタックルなら10〜20gのブレードジグがおすすめ

Love Fishing!

ルアー釣りも楽しいですが、夜のフカセ釣りもおすすめです！

# 私のおすすめはキビナゴエサのフカセ釣り！

夏から秋にかけて夕方の漁港がなにやら騒がしくなる光景が。ベイトが追いかけられ、時おりバシャっとボイルが起きます。ミノーやワームを投げるとひったくるような強いアタリが！

時合はその時によりますが、あっという間に終わるので逃さぬようにしっかりと準備をしておきましょう。

メタルジグの上にサビキ仕掛けをセットするジグサビキでもよさそうです。ちなみに細いサビキだとカマスの歯で切られちゃいます。

エサ釣りも面白いです。ケミホタルとカマス針を用いた簡単な仕掛けでエサのキビナゴを漂わせるフカセ釣り。ルアーロッドでも楽しめちゃいます。カマスは水面下で小魚をねらっているのでその層をふわふわとエサのキビナゴを漂わせて釣ります。めちゃめちゃシンプルな仕掛け（イラスト参照）なのでぜひ挑戦してみてください。

駿河湾や相模湾のタチウオの船釣りではサバの切り身をエサに大型のカマスが釣れます。水深100mを超える場所でも釣れるので驚きます。

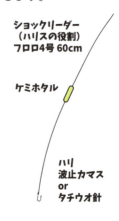

レシピ 01

# 冷蔵庫で簡単！カマスの一夜干し

《材料 1 人前》

カマス　1尾
塩　　　大さじ1
水　　　200ml

《手順》

1. カマスはウロコ、内臓、エラを取り、背開きにし、きれいに洗う
2. バットに水と塩を加え、よく混ぜる。塩が完全に溶けたらカマスを入れ、10分ほど浸け込む

すべての行程が冷蔵庫で完結しますので、天気が雨でも太陽が出ていない夜中でも関係ありません。驚くほど簡単で驚くほど本格的な干物をどうぞ！

3. カマスの水分を拭き取り、ペーパータオルに包んだら冷蔵庫で1時間ほど寝かせてさらに水分を抜く
4. ペーパータオルを外し、再び冷蔵庫に6時間入れれば出来上がり
5. フライパンや魚焼きグリルで焼く

レシピ 02

# カマスの押し寿司

カマスの炙りと酢飯が絶妙にマッチングします。この組み合わせが楽しめるのは釣り人の特権！

《材料1人前》

| | |
|---|---|
| カマス | 1尾 |
| 酢 | 50ml |
| 砂糖 | 大さじ1 |
| 塩 | 適量 |
| 酢飯 | 100g |

《手順》

1 カマスはウロコをしっかりと落として三枚おろしにする。腹骨をすき、上肋骨を抜く
2 塩を振り1時間程冷蔵庫で寝かせて水気を出す

3 水気と塩を洗い流しキッチンペーパーで水気をしっかり取る
4 バットかジッパー付きビニール袋に酢と砂糖を入れカマスを漬け込み、冷蔵庫で1時間以上寝かせる

5 酢を拭き取り皮に切れ込みを入れ炙る

6 ラップに皮目を下にして置き、軽く握った酢飯をカマスの身の上に乗せる
7 ラップをクルクルと巻く
8 ラップごと一口大に切り完成

レシピ 03

# カマスのベッカフィーコ

ベッカフィーコはイタリアのシチリア料理。もともとイワシで作る料理ですが、今回はカマスのレシピを。写真はオレンジの輪切りを一緒にローストしてみました！

《材料 2人前》

| | |
|---|---|
| 30cm前後のカマス | 4尾 |
| 塩・白胡椒 | 適量 |
| パン粉 | 20 g |
| タマネギ | 30 g |
| ニンニク | 1片 |
| 松の実 | 10 g |
| レーズン | 8 g |
| オリーブオイル | 適量 |
| オレンジ | 1/2個 |

《手順》

1 カマスはウロコ、内臓、エラを取り三枚におろして塩、白胡椒をまぶす（片側に尻尾を付けておくと可愛いです！）

2 ニンニク、タマネギはみじん切りにして、レーズンは水に浸けて戻し、松の実はトースターで軽く焼く

3 フライパンにオリーブオイルをひき、ニンニク、タマネギを炒め、松の実、レーズンを加える

4 パン粉を加えて混ぜ合わせる。塩・白胡椒で味を整える

5 カマスに④を適量乗せて巻き、爪楊枝でとめる

6 200℃のオーブンで15分ほどローストして完

111

## さかな豆知識
sakana mame chishiki

# メジナ

磯釣りの超人気ターゲットです。後なら身近な堤防でもねらえまのサイズでも引きは強烈！ですかの感動も大きいです。食べるなら初冬から春先までがおすすめ！

### 分布
メジナ：新潟県から九州南岸までの日本海・東シナ海沿岸、千葉県外房から九州南岸までの太平洋沿岸、伊豆諸島、瀬戸内海に分布。
クロメジナ：九州北岸から九州西岸までの日本海・東シナ海沿岸、千葉県外房から屋久島までの太平洋沿岸、伊豆諸島に分布。青森県から島根県までの日本海沿岸に散発的に分布。

### 大きさ
30～40cmがアベレージ。メジナは1歳で14cm、2歳で19cm、3歳で23cm、4歳で27cm、5歳で30cm、6歳で32cmになり、3歳で多くは成熟する。メジナは約60cm、クロメジナは70cm以上になるものもいる。クロメジナの成長や成熟については不明。

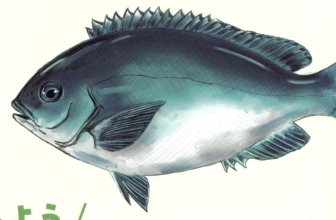

## メジナを釣ってみよう

### ウキフカセ釣り

**ワンポイント** ウキフカセ釣りは、寄せエサを撒き、海中で拡散する寄せエサに付けエサを同調させて釣るのが基本。ただし水温が高い時などは小魚のエサ取りがうるさく、それを避けるために寄せエサの撒き方などにテクニックが必要。その奥深さも、人気の理由です。

**エサ・擬似餌** オキアミ、ノリ、練りエサなど。

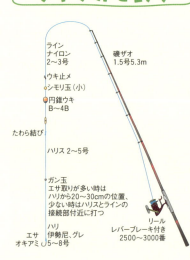

ライン
ナイロン
2～3号

磯ザオ
1.5号5.3m

ウキ止メ
シモリ玉（小）
円錐ウキ
B～4B

たわら結び

ハリス 2～5号

ガン玉
エサ取りが多い時は
ハリから20～30cmの位置、
少ない時はハリスとラインの
接続部付近に打つ

エサ
オキアミ

ハリ
伊勢尼、グレ
5～8号

リール
レバーブレーキ付き
2500～3000番

**メジナ（クチブトメジナ）**
エラ蓋の後縁が黒くなく、尾柄が高い。尾ビレの上下も伸びていません。雑食性が強く最も身近に釣れるメジナ

**クロメジナ（オナガメジナ）**
エラ蓋の後ろが黒くなっていてエラ蓋の端が非常に鋭い。尾柄が低く尾の上下がすらりと伸びていることがオナガメジナといわれるゆえん

東日本ではメジナ、西日本ではグレと呼ばれる磯釣りナンバーワンの人気ターゲットです

が、30cm前す。しかもそら釣れたとき水温が下がる

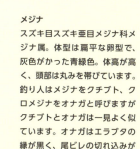

メジナ
スズキ目スズキ亜目メジナ科メジナ属。体型は扁平な卵型で、灰色がかった青緑色。体高が高く、頭部は丸みを帯びています。釣り人はメジナをクチブト、クロメジナをオナガと呼びますがクチブトとオナガは一見よく似ています。オナガはエラブタの縁が黒く、尾ビレの切れ込みがやや深い点などで判別できます。

### 釣期

ほぼ周年。磯釣りではメジナは晩秋から春、クロメジナは春先から初夏が最盛期とされる。

| 1 | 2 | 3 | 4 | 5 | 6 | 7 | 8 | 9 | 10 | 11 | 12 |

### 生活史

潮通しのよい沿岸の岩礁域。クロメジナのほうが外洋性は強い。

### 棲んでいる場所

稚魚はやや細長く、体側中央部に黒色素縦帯が走る。稚魚はごく沿岸の岩礁、内湾やアマモ場などの表層を泳ぎ、流れ藻にもつく。両種とも浅い岩礁域に群れを作って生活し、主に海藻をついばみ、補助的に小型甲殻類を食べる。海藻が少ない夏場は肉食に偏るが基本的に藻食性に偏った雑食性で、メジナは藻食性が、クロメジナは雑食性が強い。

### 特徴

体は側扁した卵型で、頭部は丸みを帯びる。メジナはエラブタの縁が黒くないこと(クロメジナは黒い)、側線有孔鱗数は 50～56 (クロメジナは 57～65)、尾柄部がやや高いこと(クロメジナはやや低くスマート)、尾ビレの切れ込みは浅いものからやや深いものまでさまざま(クロメジナは常に切れ込みがやや深い)などの点で両種は区別できる。ただし、尾柄部や尾ビレの違いは成魚にならないとはっきりしない。

### 主な釣り方

寄せエサを用いたウキフカセ釣りでねらう。堤防などからも釣れるが磯釣りの代表的人気ターゲット。

潮の本流が走る沖磯のメジナ釣り。豪快なロケーションも魅力

オナガメジナは取り込みが難しい魚なので40cmオーバーの大型を取れた時は喜びもひとしお

沖磯のみならず地磯や堤防もハイポテンシャルな釣り場があります

## レシピ01

# メジナユッケ丼

辛いのがお好きな方は一味唐辛子もしくはごま油の代わりにラー油を入れてください。メジナの旨味をコチュジャンの甘辛さが引き立てます！あっという間にペロリでした！

### 《材料2人前》

| | |
|---|---|
| 30cm前後のメジナ | 半身 |
| ご飯 | 2杯分 |
| オクラ | 3本 |
| 醤油 | 大さじ2 |
| みりん | 大さじ1 |
| 酒 | 大さじ1 |
| コチュジャン | 大さじ1 |
| ごま油 | 適量 |
| 卵黄 | 2個分 |
| 韓国海苔 | 適量 |

### 《手順》

**1** メジナは三枚おろしにして真ん中にある血合肉ごと上肋骨を取り除いて背身と腹身に分け、皮を引く。腹骨をすいたら刺身のように切り分ける

**2** ボウルに醤油、みりん、酒、コチュジャン、ごま油を混ぜ合わせる

**3** メジナを混ぜて、冷蔵庫で1〜2時間漬け込む

**4** オクラは茹でて輪切りにする

**5** ご飯に漬け込んだメジナ、オクラ、韓国海苔、卵黄を乗せたら完成

レシピ02

# メジナの塩釜焼き

魚の重さと塩の重さは同じくらいが目安なので、使う魚の重量に合わせて塩の量を調整してください。バーベキューで作る際はアルミホイルに包んで焼いてみてくださいね！

## 《材料1人前》

| | |
|---|---|
| 30cm前後のメジナ | 1尾 |
| 塩 | 500g |
| 卵白 | 2個分 |
| ハーブソルト | 適量 |
| レモン | 半分 |

## 《手順》

1. メジナはウロコ、エラ、内臓を取り除き、ヒレを切り落とす
2. メジナにハーブソルトをまぶす
3. 卵白を泡立てメレンゲ状にする。塩を混ぜ、ふわふわの状態になるまでしっかり混ぜる
4. クッキングシートを敷き③の1/3を広げメジナを乗せる
5. メジナに5mm幅に切ったレモンの輪切りを全体に貼り付ける

6. 残りの③で包み込む
7. 200℃に予熱したオーブンで30分焼く
8. 焼きあがり後、粗熱が取れたらすぐにトンカチなどで割る
9. そのままおくと塩辛くなるので身を皿に取り分ける

レシピ 03

# メジナの柚子胡椒バター煮

サッパリとしたメジナの身にネギの甘さととろみが加わった濃厚レシピ。ごはんが進み過ぎます！

《材料 2 人前》

| | |
|---|---|
| メジナ | 半身 |
| 長ネギ | 1本 |
| 片栗粉 | 適量 |
| サラダ油 | 大さじ1 |
| 酒 | 大さじ2 |
| みりん | 大さじ2 |
| 水 | 大さじ1 |
| 醤油 | 小さじ1 |
| 柚子胡椒 | 小さじ1/2 |
| バター | 10 g |
| 油 | 適量 |

《手順》

**1** メジナは三枚おろしにして腹骨をすき、上肋骨を抜いて皮を引く。食べやすい大きさに切ったら片栗粉を振っておく

**2** 長ネギを3〜4cmに切る

**3** フライパンに油を引き、メジナを焼き色が付くまで焼いたらフライパンからおろす

**4** フライパンに油を引き、長ネギの表面に焼き目をつける

**5** 酒、みりん、水を加えて中火にし、長ネギが柔らかくなり、とろみが出るまで煮る

**6** とろみが出たらメジナを戻す

**7** 醤油と柚子コショウを加え、バターを溶かしたら完成

レシピ 04

# メジナのライスペーパー春巻き

Love Cooking!

ライスペーパーで作る生春巻きも美味しいですが、ライスペーパーで包み揚げることで外はパリッ、メジナの身はほっくり食感になるおすすめのレシピです！

《材料 2 人前》

| | |
|---|---|
| メジナ | 半身 |
| ライスペーパー | 4 枚 |
| 大葉 | 8 枚 |
| 紅しょうが | 適量 |
| 塩・胡椒 | 適量 |
| 揚げ用油 | 適量 |

《手順》

**1** レシピ 01 と同じ手順でメジナを刺身大に切り分け、塩・胡椒で味付けをする

**2** 大葉は茎を切る

**3** 水にさらしたキッチンペーパーをまな板に敷き、ライスペーパーを乗せて浸透させる。柔らかくなったら手前に大葉、メジナ、紅生姜の順に乗せる

**4** 下の端を具に向かって折り上げる

**5** 余った両端を内側に畳んでいく

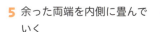

**6** さらに下からクルクル巻く

**7** 160℃の油でライスペーパーに薄く色が付くまで裏返しながら揚げる。最初は破れやすいので触らないほうがいい。揚がったら食べやすいように真ん中から斜めにカットして完成

## さかな豆知識
sakana mame chishiki

# クロダイ・キ

とても姿形が凛々しくて、釣り人の間容されます。そしてキビレの標準和名その見た目から釣り人からはキビレと

### 分布
クロダイは北海道から屋久島までの日本海・東シナ海・太平洋沿岸、瀬戸内海に分布。琉球列島に分布せず、代わりにミナミクロダイ、ナンヨウチヌ、ヘダイといった近縁種が分布する。

### 大きさ
釣りでは20～50cmがおもなターゲットになる。クロダイは最大70cmになる。

### 釣期
クロダイはほぼ周年ねらえる。磯釣りのベストシーズンは3～5月と10～11月。また、堤防の落とし込み釣りでは真夏が最盛期となる。キビレはも梅雨時を中心とした5～7月が最盛期。

| 1 | 2 | 3 | 4 | 5 | 6 | 7 | 8 | 9 | 10 | 11 | 12 |

**クロダイ・キビレ**
ともにスズキ目スズキ亜目タイ科クロダイ属。クロダイとキビレはそっくりですが、キビレのほうが体色は明るく、腹ビレ・臀ビレ・尾ビレの一部が黄色いことで見分けがつきます。

## クロダイ・キビレを釣ってみよう

### ルアーフィッシング

**ワンポイント** ポッパーやペンシルベイトを使ったトップウォーターゲームはエキサイティングで私のホームグラウンドである浜名湖でも盛んです。ジグヘッド＆ワームをズル引きでねらう釣り方も人気。底に生息するカニなどの甲殻類をイメージしながら動かしましょう。

**エサ・擬似餌** ルアー（メタルジグ、小型シンキングペンシル、ワーム）。

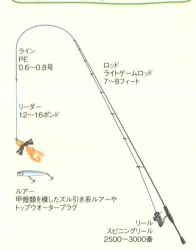

ライン
PE 0.6～0.8号

ロッド
ライトゲームロッド
7～8フィート

リーダー
12～16ポンド

ルアー
甲殻類を模したズル引き系ルアーやトップウォータープラグ

リール
スピニングリール
2500～3000番

ゴロタ場でも根掛かりしにくいフリーリグやジカリグがチニングの主流

# ビレ

で野武士とも形はキチヌですが、呼ばれます。

姿かたちはマダイにそっくりなクロダイ。昼夜釣れますが夜行性も強いです

### 棲んでいる場所

ともに水深50m以浅の沿岸域に生息するため、タイ科の魚では珍しく、陸の磯や堤防からねらう釣り方が多い。汽水域でも生活できるので河口付近も釣りのポイントになる。キビレは特に汽水や内湾を好む。

### 生活史

クロダイは関東地方での産卵期は4～5月の春。キビレの産卵期は秋。クロダイの稚魚は内湾浅所のアマモ場や砕波帯で生活し、7cm前後になると河川汽水域や岩礁帯へと生活の場を広げる。1歳では両性の生殖腺を有するが未成熟、2歳では多くが機能的に雄として成熟した両性個体となり、3歳（27cm）で雌雄どちらかの生殖腺が消失し性が分離し成熟した雌がみられるが、3割は両性のまま機能的雄性。4歳以上で性が分離する。キビレの稚魚は波打ち際やアマモ場に現われる。小型個体はすべて雄で、15cmを超えると雌雄同体となり、さらに成長すると雌に分化する。キビレはもともと西日本に多く関東では珍しかったが、温暖化傾向に伴って1990年代以降は普通に釣れるようになった。

### 特徴

クロダイは性転換する魚として知られ、多くは両性の生殖腺をもちつつ若齢魚では雄として成熟し、高齢魚では雌として成熟する。二枚貝類、甲殻類、多毛類をおもに食べるため、釣りエサにも同じものを使う。淡白な白身だが、生息環境によっては磯臭さを感じることもある。旬は冬とされる。

キビレはクロダイに似るが、体色が明るく、腹ビレ・臀ビレ・尾ビレの一部が黄色い。旬は春から夏とされる。

### 主な釣り方

クロダイは実に多くの釣り方が存在。磯や堤防ではウキフカセ釣り、落とし込み釣り、ダンゴ釣り、投げ釣りなど。湾内に設置されたイカダ、係留された専用の船（カセ）からはイカダ釣り、カセ釣りでねらう。また近年はワームやプラグなどのルアー釣りも人気でチニングと呼ばれる。キビレもほぼ同じだが、クロダイが本命でキビレはゲスト的な扱いになるケースも多い。

甲殻類を模したワームを使ったボートからのチニングでゲットしたキビレ

落とし込み釣り

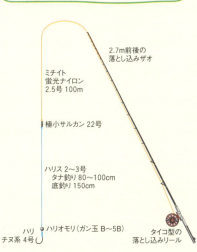

2.7m前後の落とし込みザオ
ミチイト 蛍光ナイロン 2.5号 100m
極小サルカン 22号
ハリス 2～3号 タナ釣り 80～100cm 底釣り 150cm
ハリ チヌ系 4号
ハリオモリ（ガン玉 B～5B）
タイコ型の落とし込みリール

**ワンポイント** 真夏に盛期を迎えるのが落とし込み釣り。ヘチに付着したカラスガイを捕食しに、堤防に寄ってきたクロダイをねらいます。仕掛けやタックルはシンプル。リールはギヤ比が1：1で、魚の引きをダイレクトに味わうことができます。

**エサ・擬似餌** カラスガイ、フジツボ、タンクガニ、ボサガニ、モエビなど。

サオ、リール、イト、ハリ、オモリというシンプルなタックルでねらうヘチ釣りは夏に楽しい釣りです

レシピ 01

# クロダイのラグーソースパスタ

「ラグー」はフランス語で「煮込む」という意味で、ラグーソースは切った肉や魚介類野菜などを煮込んで作るソースのこと。クロダイにもキビレにも合います！

《材料 2 人前》

| | |
|---|---|
| 30cm前後のクロダイ（キビレ） | 1 尾 |
| ニンニク | 1 欠片 |
| タマネギ | 1/2 個 |
| 唐辛子 | 1 本 |
| オリーブオイル | 大さじ 2 |
| 白ワイン | 50ml |
| トマトピューレ | 200ml |
| シメジ | 1/3 房 |
| イタリアンパセリ | 3 房 |
| 塩・胡椒 | 適量 |
| パスタ（今回は蝶々型パスタ） | 140g |

《手順》

1 クロダイは三枚おろしにして一口大の切り身を 2 人前分切る。残りはラグーソースに使うので適当に切る

2 魚のアラは湯通しをし、水でウロコや血などを洗い流したあと 200ml の水で煮込んでスープをとる。水が半分くらいになるまで強火で煮込み、アラを濾してスープだけにする

3 ニンニク、タマネギ、シメジはみじん切り、唐辛子は半分に割ってタネを取り出す

4 一口大の切り身はオリーブオイルを引いたフライパンで両面焼き、皿にあげておく

5 フライパンに火をつけて、オリーブオイルを入れ、温まってきたらニンニクと唐辛子とイタリアンパセリを投入

6 ニンニクの香りが出てきたら、切り身、タマネギ、シメジをいれて炒める。魚が焼けてきたらヘラなどでほぐす

7 白ワインと魚で取ったスープを入れて、アルコールが飛ぶまで数分煮る

8 トマトピューレを入れ、塩胡椒で味を整える

9 別のお鍋に水を入れて、パスタを茹でる

10 パスタが茹で上がったら、ソースに投入してよく絡める。焼いておいた切り身を乗せて完成

レシピ 02

# キビレの清蒸鮮魚
# （チンジョンシェンユイ）

見た目にも豪華な一皿。クロダイでも同じく美味しくできます。皮とネギが香ばしく、身のふわふわ感を堪能できます！

《材料 2 人前》

| | |
|---|---|
| 30cm前後のキビレ（クロダイ） | 1 尾 |
| 長ネギ | 1 本分 |
| パクチー | 1 束 |
| 生姜 | 1 欠片 |
| 酒 | 大さじ 6 |
| ごま油 | 大さじ 3 |
| 塩 | 適量 |
| 砂糖 | 適量 |

＜タレ＞

| | |
|---|---|
| 酒 | 大さじ 1 |
| 砂糖 | 大さじ 1/2 |
| 醤油 | 大さじ 1 |
| オイスターソース | 大さじ 1/2 |
| 魚の蒸し汁 | 大さじ 2 |

《手順》

1. 魚はウロコを落としてエラ、内臓を取り除きしっかりと汚れを洗い流す。体に飾り包丁の切れ込みを入れる
2. 酒大さじ 3、塩、砂糖を魚に塗り、20 分ほど冷蔵庫で寝かせる
3. 軽く洗い流ししっかりと水気を切る
4. お皿に魚を乗せ、もう一度大さじ 3 の酒と塩を少々
5. 長ネギの青い部分、生姜の輪切りを腹の中や上に乗せる
6. 蒸し器で蒸す。なければお皿をフライパンに入れ、水を入れて蓋をする。沸騰したら中火にして 15 分ほど蒸す
7. 蒸し終わったら一度蒸し器から取り出す。蒸した時に出た出汁を大さじ 2 杯分確保する
8. フライパンに蒸した時に出た出汁、酒、砂糖、醤油、オイスターソースを入れて一煮立ちさせたら魚にかける
9. 長ネギの白い部分を千切りにして魚の上に盛り付ける
10. 高温に熱したごま油を魚に振りかける

## さかな豆知識
sakana mame chishiki

### 分布
北海道全沿岸、津軽海峡から九州南岸までの日本海・東シナ海沿岸、津軽海峡から土佐湾までの太平洋沿岸、瀬戸内海に分布。

### 大きさ
最大で35〜40cm。

### 釣期
30cmを超える大型をねらうなら11〜翌3月の冬季。夏〜秋にも、エンピツサイズと呼ばれる小型の群れがねらえる地域もある。

| 1 | 2 | 3 | 4 | 5 | 6 | 7 | 8 | 9 | 10 | 11 | 12 |

### 棲んでいる場所
沿岸の表層を群泳している。場所によって毎年の回遊の有無がはっきり分かれるので、釣りをするなら実績のあるポイントを選びたい。

# サヨリ

華憐な見た目がうら若き女性をってはサヨリ釣りファンのことなんて呼んでいたようです。そいてびっくりの腹黒さも特徴。ても定番です。

## サヨリを釣ってみよう

### ウキ釣り

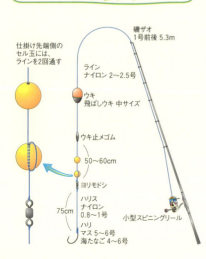

**ワンポイント** 接岸する時期に合わせて堤防や磯からねらいます。全長は平均して20〜30cm。釣り方はアミブロックやイワシミンチを海水で薄めた水コマセを足もとから撒いて、仕掛けを投入します。サヨリは表層をねらうので、ウキ下は20〜40cmほど。20cmほどの小型のサヨリならノベザオでも充分に楽しめます。大型は刺し身が美味しい！

**エサ・擬似餌** オキアミ、アミエビ、ジャリ

群れで回遊していますので釣れだすと数が伸びます

連想させ、かつてサヨリストしてお腹を開き寿司ねたとし

サヨリといえば小磯や堤防からオカッパリで釣るイメージですが、浜名湖ではボートからのカカリ釣りも人気です

サヨリ
ダツ目トビウオ亜目サヨリ科サヨリ属。口の先が尖り、先端が朱色の下顎が前方に突き出し頭長よりも長く伸びます。

### 生活史
藻場や流れ藻に集まって産卵し、海藻などに卵膜の糸で絡みつけて卵を産みつける。産卵親魚の雄は 26～29cm、雌は 31～36cm。ふ化した仔魚は 2～3cmで下顎が伸び始め、10cm前後で成魚とほぼ同じ体型になる。寿命は 2 年程度と考えられている。群れで水面直下を遊泳し、汽水域にも入るが淡水域には侵入しない。

### 特徴
口の先が尖っており、特に下顎が前方に突き出して、頭長よりも長く伸びている。また、下顎の先端が朱色に彩られるが、鮮度が落ちるとその鮮やかさが失せる。腹の内側の腹壁が黒いことでも有名。群れで表層を泳ぎながら、動物プランクトンや藻の切れ端、水面に落ちた昆虫なども食べている。

### 主な釣り方
群れが接岸していれば磯や堤防からノベザオで簡単な仕掛けのウキ釣りでねらえる。ほかにはリールザオを使ったウキフカセ釣りなど。エサにはオキアミやハンペンを使う。

次ページからのレシピもオススメですが、お刺身は絶対に欠かせません！

レシピ 01

# サヨリの手綱寿司

手毬寿司ならぬ手綱寿司です。今回は厚焼き卵と蒸しエビ（寿司用）は市販品を使いましたが、薄い卵焼きでも代用可能です！

《材料 2 人前》

| | |
|---|---|
| 30cm前後のサヨリ | 1尾 |
| ご飯 | 300g |
| すし酢 | 大さじ2 |
| 卵焼き | 卵1/3個分 |
| キュウリ | 1/2本 |
| 蒸し海老 | 4枚 |

《手順》

1 サヨリは三枚おろしにして歯ブラシや爪先などで黒い腹膜を取り除いたら腹骨をすく。酢に漬けて（分量外）5分ほど置いておく

2 キュウリはピーラーで薄くスライスして、4cmほどに切る。塩水に漬けて、5分ほど置いておく

3 皮を手で引き（ぺりぺりと剥がせます）、4cmほどの長さに切り分ける

4 卵焼きも4cmほどの長さで厚み5mm以下に薄く切る。蒸しエビは尻尾を取り除く

5 ラップにすし飯を乗せ、巻きすで棒状にする

6 ラップにキュウリ、卵焼き、サヨリ、エビを斜めに並べる

7 その上に棒状にしたすし飯を乗せて巻きすで巻いて、少し冷蔵庫で寝かせる

8 ラップごとお好きな長さに切って完成

レシピ02

# サヨリの酢の物

さっぱりとした前菜です。乾燥ワカメでしたら水に戻してしっかり水気を切ってから和えてくださいね！

《材料1人前》

| | |
|---|---|
| 30cm前後のサヨリ | 1尾 |
| 生ワカメ | 30g |
| 白ゴマ | 適量 |
| 米酢 | 大さじ2 |
| 醤油 | 適量 |

《手順》

1. サヨリ三枚おろしにして黒い腹膜を取り除いたら腹骨をすく。酢に漬けて（分量外）5分ほど置いておく
2. 皮を手で引き（ぺりぺりと剥がせます）、斜めに細く切る
3. ワカメは食べやすい大きさに切る
4. ボールにサヨリ、ワカメ、酢、醤油を入れて混ぜ合わせる。盛り付けたら完成

## さかな豆知識
sakana mame chishiki

# サバ・ソウダ

サバやソウダガツオは大きな群れで回遊し、小魚を追いかけ回していて突然、海面が沸き立つようになるその光景は誰もが興奮させら

### 分布
マサバは北海道全沿岸から九州南岸までの近海、東シナ海に分布。マルソウダは東太平洋を除く全世界の熱帯〜温帯の海域に分布。ヒラソウダは全世界の熱帯〜温帯の海域に生息。日本各地の沿岸に現われる。

### 大きさ
マサバとマルソウダは最大で50cm。ヒラソウダは最大60cm

### 釣期
マサバはほぼ一年中。脂の乗る冬が最盛期とされる。ゴマサバもほぼ一年中釣れ、旬は6〜9月。マルソウダとヒラソウダの釣期は7〜12月ごろ。回遊魚なので年や地域によって異なる。

| 1 | 2 | 3 | 4 | 5 | 6 | 7 | 8 | 9 | 10 | 11 | 12 |

**マサバ**
スズキ目サバ亜目サバ科サバ属。マサバのほかにゴマサバもポピュラーな存在

**マルソウダ**
スズキ目サバ亜目サバ科ソウダガツオ属。ウロコの上側にある黒斑が背面の黒い部分にくっつく。体の前半部分にしかウロコがない(体の後半は糸状)

## サバ・ソウダガツオを釣ってみよう

### カゴ釣り

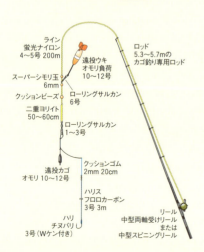

ライン 蛍光ナイロン 4〜5号 200m
スーパーシモリ玉 6mm
クッションビーズ
二重ヨリイト 50〜60cm
遠投カゴ オモリ10〜12号
ハリ チヌバリ 3号(Wケン付き)
遠投ウキ オモリ負荷 10〜12号
ローリングサルカン 6号
ローリングサルカン 1〜3号
クッションゴム 2mm 20cm
ハリス フロロカーボン 3号 3m
ロッド 5.3〜5.7mのカゴ釣り専用ロッド
リール 中型両軸受けリール または 中型スピニングリール

**ワンポイント** オカッパリで良型をねらうなら、カゴ釣りやルアーが有効です。小サバなら堤防からのサビキ釣りがお手軽です。ヒットするとよく走るので隣とのオマツリの原因にもなりますが、それだけ引き味がいいんです!

**エサ・擬似餌** オキアミ、アミエビ、サビキ(堤防のサビキ釣り)。

豪快なフルスイングで遠投して沖の回遊魚をねらうカゴ釣り

# ガツオ

れで沿岸部を
います。そし
ナブラが起き
れます！

群れが港内まで回ってきているときはサビキ仕掛けで手軽に釣れます。個人的にはメタルジグの上にセットするジグサビキがおすすめ！

## 棲んでいる場所

サバ、マルソウダ、ヒラソウダともに沿岸から沖合の表層～中層を大群で回遊している。

## 生活史

マサバは太平洋系群と、対馬暖流系群および東シナ海系群が存在。太平洋系群は足摺岬沖から伊豆諸島周辺で2～5月に産卵し、九州南岸から千島列島沖まで回遊する。対馬暖流系群は山陰沖から能登半島周辺で4～7月に産卵し、東シナ海南部から日本海北部、さらに黄海や渤海まで回遊する。季節的に回遊し、春～夏は北上、秋～冬に南下する。マルソウダの産卵期は6～7月で、雌雄とも2歳で成熟する。大きな群れで泳ぎながらイワシなどの小魚を食べる。ヒラソウダの産卵期も初夏と考えられているが、詳しくは不明。

## 特徴

マサバの背部は青緑色で縞状や虫食い状の暗色斑が入り、腹側は銀白色で通常模様はないが、淡く小さな暗色斑や虫食い状の斑紋が現れることがある。よく似るゴマサバは体高が低く断面は円形に近いこと（マサバの断面はやや平たい）、腹側にゴマのような黒い斑点が入ることで区別可能とされているが、ゴマ模様は釣りたてでは浮き出ていないことが多い。

ソウダガツオはマルソウダとヒラソウダを合わせてそう呼ばれることが多い。マルソウダのほうがやや小型で、より沖合にいる傾向がある。ソウダガツオは宗田節の原材料で、一般的なカツオ節より旨みが強く、香りが強いことから、料理に濃厚さを出すために欠かせない素材として愛されている。

## 主な釣り方

サバもソウダガツオも群れが接岸している時は、堤防や磯からからサビキ釣り、カゴ釣り、ルアー釣りで数がねらえる。サバは一般的には沖釣りで、専門にねらうこともあるが、外道やエサ取り扱いされることも多い。

ヒラソウダ
スズキ目サバ亜目サバ科ソウダガツオ属。ウロコの上側にある黒斑が背面の黒い部分と離れる。体の後半までウロコが伸びる

### 弓ヅノ

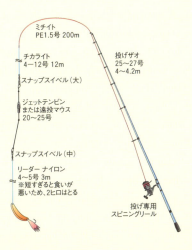

ミチイト
PE1.5号 200m

チカライト
4-12号 12m

スナップスイベル（大）

ジェットテンビン
または遠投マウス
20～25号

スナップスイベル（中）

リーダー ナイロン
4～5号 3m
※短すぎると食いが
悪いため、2ヒロはとる

投げザオ
25～27号
4～4.2m

投げ専用
スピニングリール

**ワンポイント** いずれもメタルジグなどのルアーでねらえますが、ソウダガツオはシラスなどの小魚を捕食している時は弓ヅノのほうがよく釣れます。弓ヅノは単体では投げられませんので、ジェットテンビンや飛ばしウキと一緒に使います。キャスト後は表層から中層を速引きしましょう。

**エサ・擬似餌** 弓ヅノ。

弓ヅノのキャスティングでヒットしたマルソウダ

夏の早朝は夜明けと同時に海岸近くにソウダガツオのナブラが毎日のように立ちます

ナブラが立っているのにメタルジグでヒットしないときは小型のベイトを食っていることが多く、弓ヅノに替えると食ってくることも

大型のサバを釣るなら船からの釣り。50cmクラスが一荷で掛かると大変です！

Love Fishing!

愛旦那の文ちゃんがブレードジグで掛けたマルソウダガツオ

## 足が早いので氷でしっかり冷やして！

堤防でサビキ釣りをしているとイワシかな？と思いきや、素早くハリに掛かって来る小サバ。ファミリーフィッシングにはうってつけのターゲットで、小気味よいアタリがとても楽しい！

4gくらいの小さなメタルジグやもう少し大きなジグの上にサビキをセットするジグサビキにも積極的にアタックしてきます。

堤防で釣れる小サバはじっくりと油で揚げることで骨まで食べられるので釣れたら素早く氷の入ったクーラーで締めて持ち帰ってください。

でも食べごたえのあるサバが釣れるのはやっぱり船釣りですね〜。引きの強さからオマツリ騒ぎを引き起こすトルクのある魚です。特に船のサビキ釣りで5尾いっぺんに釣れた時は船に上げるのが一苦労でした。大きいものは50cmを超えますので食べ応えもあります。

足が早い魚の代表でもあるのでバケツには長時間入れずに「鯖折り」をしてエラを切りきちんと血抜きをしましょう。しっかりと冷やして持ち帰ればルビーのような美しい身のサバを食べることができます。

時期や海域によって脂の乗りが全く変わってくるので脂がある時は〆サバ、ない時は竜田揚げなど調理方法を変えるとより楽しめます。

ソウダガツオは夏の伊豆の堤防でよく目にします。遠投ウキを使ったカゴ釣りをしているとひったくるようなアタリがあります。ウキがスッと沈む光景は興奮しますね！

地元の釣り人たちが撒いたコマセに寄ってきたソウダガツオがジグで釣れることも！ 釣り上げるとケータイのバイブレーションのごとく身体を振動させます。こちらも体温がすぐに上がってしまう魚なのですぐに血抜きをして冷やしてくださいね！

ちなみにソウダガツオには毒はないのですが、特にマルソウダはヒスチジンが血合に多く含まれています。ヒスチジンは鮮度が低下するとアレルギーを誘発するヒスタミンに変化し食中毒を起こしてしまいます。ヒスタミンは加熱調理しても分解されることはないので注意が必要です。ソウダガツオが釣れる時期の海水温は高いので、すぐにクーラーで冷やすことを心がけてください。

堤防のサビキで釣れた小サバも美味しく食べるならきっちり冷やして持ち帰りましょう。低温でじっくり揚げると骨ごと食べられます

## レシピ 01

### サバとブロッコリーのオイルパスタ

サバの旨味とブロッコリーのシャキシャキ感が楽しめるヘルシーなパスタ料理です。オイルとニンニクの相性が抜群なサバ。シンプルながらも風味豊かに仕上がります。栄養価が高く、特にDHAやEPAが豊富なサバと、ビタミンCや食物繊維が含まれるブロッコリーを組み合わせることで、バランスの取れた一皿になっています！

《材料 2人前》

| | | | |
|---|---|---|---|
| サバ | 半身 | 鷹の爪 | 1本 |
| ブロッコリー | 1/2個 | オリーブオイル | 大さじ2 |
| タマネギ | 1/2個 | スパゲッティ | 200g |
| ミックスナッツ | 10g | 塩胡椒 | 適量 |
| ニンニク | 1/2欠片 | | |

《手順》

1. ブロッコリーは茹でて粗いみじん切りにする
2. ニンニク、タマネギ、ミックスナッツもみじん切りにする
3. サバは三枚おろしにして小骨を抜いておく
4. フライパンにオリーブオイル、ニンニク、タネを抜いた鷹の爪を入れて弱火でゆっくり熱し、香りを出す
5. タマネギを入れしんなりするまで炒める
6. サバを皮目から焼いて、ブロッコリーを入れて混ぜながら身をほぐし、塩・胡椒で味付けをする
7. スパゲッティを茹でて具に絡めて大さじ5杯ほど茹で汁を加えて合わせる
8. 適度に汁がなくなったら盛り付ける
9. 上からミックスナッツを振りかけて完成

## レシピ 02

### サバのグリル マッシュポテト添え

サバの皮目をパリッと焼くのがポイント。小麦粉をまとわせることで中はフワッと焼くことが出来ます。サバの脂をサッパリとしたソースが引き絞めてくれます！

《材料 1人前》

| | | | |
|---|---|---|---|
| 40cm前後のサバ | 半身 | バター | 10g |
| 塩・胡椒 | 適量 | マヨネーズ | 大さじ1 |
| 小麦粉 | 適量 | 【粒マスタードソース】 | |
| オリーブオイル | 大さじ1 | 粒マスタード | 大さじ3 |
| 【マッシュポテト】 | | はちみつ | 大さじ1 |
| ジャガイモ | 2個 | レモン汁 | 小1 |
| | | マヨネーズ | 大1 |

《手順》

1. 【マッシュポテト】ジャガイモは適当な大きさに切り串が刺さるまで茹でる
2. ボールにジャガイモを入れてフォークで潰す
3. 目の細かいザルでジャガイモを濾す
4. バター、マヨネーズを合わせる
5. 【ソース】全ての材料を混ぜ合わせるだけ
6. 【サバの処理】ウロコを取り三枚におろして小骨を抜き、半身を半分に切る。塩を強めに振って冷蔵庫で10分ほど寝かせる
7. 余分な水分が出てくるのでさっと水で流してキッチンペーパーで水分を拭き取る
8. サバに塩・胡椒を振り、小麦粉をまとわせる
9. オリーブオイルを敷いたフライパンで皮目がキツネ色になるまで焼いたら、お皿にすべて盛り付けて完成

> レシピ03

# サバの蒲焼き

甘辛いタレで焼き上げたサバの蒲焼き。香ばしい香りとともに、外はカリっと、中はふっくらとした食感が楽しめます。タレとお米との相性も抜群。ご飯のお供に！

《材料 1 人前》

| 40cm前後のサバ | 半身 | みりん | 大さじ2 |
| 塩 | 少々 | 料理酒 | 大さじ2 |
| 醤油 | 大さじ2 | 砂糖 | 大さじ2 |
|  |  | 薄力粉 | 適量 |

《手順》

1 サバは三枚おろしにして小骨を抜く。お好みで皮に切れ込みをいれる
2 サバの水気をキッチンペーパーで拭き取り、薄力粉をまんべんなくまぶす
3 ボウルで醤油、みりん、料理酒、砂糖を混ぜる
4 中火で熱したフライパンにサラダ油を引き、サバを皮目から焼く。皮に焼き色が付いたら裏返し、火が通るまで焼く
5 合わせたタレを加えてよく絡め、タレにとろみがついてサバ全体に馴染んだら完成

> レシピ04

# 炙り〆サバ

しっかりした味わいと炙りによる香ばしさが加わり、食欲をそそります。特に日本酒との相性がよく、おつまみにぴったり。できるだけ新鮮なサバを使ってくださいね！

《材料 2 人前》

| サバ | 1尾 | 塩 | 適量 |
| きび砂糖 | まぶす用と混ぜる用を各小さじ1 | レモン酢 | 100ml |

《手順》

1 三枚おろしにしたサバは腹骨を付けたままきび砂糖をまぶして1時間冷蔵庫で寝かせる
2 冷蔵庫から取り出して砂糖を洗い流し、水気を拭き取る
3 塩をまぶして1時間冷蔵庫で寝かせる
4 冷蔵庫から取り出して塩を洗い流し、水気を拭き取る
5 レモン酢に小さじ1のきび砂糖を入れたジッパー付きビニール袋にサバを入れて24時間冷蔵庫で寝かせる
6 さっと洗い流し水気を拭き取る。ラップに包んで冷凍庫で1日以上寝かせる
7 解凍し、上肋骨を抜いて、腹骨をすく
8 うす皮を引く。食べやすい大きさに切り、バーナーで炙る

### レシピ05

# 冷蔵庫で作る自家製塩サバ

そのまま焼いて食べてもよし。アレンジもよし。足の早いサバを長く楽しむためのひと手間料理です。冷凍保存すれば1ヵ月ほど楽しめます。

《材料 2人前》

| サバ | 1尾 |
| --- | --- |
| 塩 | 適量 |

《手順》

1. サバは三枚おろしにして腹骨をすく
2. 全体に塩をまんべんなく塗ってキッチンペーパーを敷いたバットか網の上に乗せてラップをせずに1時間ほど冷蔵庫へ
3. サバの塩を洗い流し、よく水気を拭き取る
4. 塩を振りかけ冷蔵庫で1日以上ラップをせずに乾燥させる(塩は好みの美味しいものを!)
5. 表面が乾燥したら完成

---

### レシピ06

# 塩サバの船場汁

自家製の塩サバは自分好みの塩加減にできるところが◯。焼きも美味しいですが、大阪の問屋街「船場」で生まれた船場汁もおすすめです。アラがあったら必ず入れてください。いい出汁が出ますよ!

《材料 2人前》

| 塩サバ | 半身分 | 醤油 | 大さじ1/2 |
| --- | --- | --- | --- |
| ダイコン | 5cm | 酒 | 大さじ1 |
| 白ネギ | 適量 | 塩 | 少々 |
| 昆布 | 5cm | 水 | 500ml |

《手順》

1. 湯を沸かし、食べやすい大きさに切った塩サバを湯通ししてザルに上げる
2. ダイコンは短冊切りに、ネギは白髪にする
3. 鍋に昆布、ダイコンを入れて火にかけ、火が通ったらサバを入れる。アクを取り除き、弱火で10分煮る
4. サバに火が通ったら味見して醤油、塩で整える
5. お椀によそってネギを乗せたら完成

レシピ 07

# ソウダガツオのなまり節

香ばしい香りのなまり節です。マヨネーズにつけて食べるのが私のお気に入りのおつまみ。サラダや炊き込みご飯に使うのもよしです！

《材料 2 人前》

| | |
|---|---|
| ソウダガツオ | 数尾（お好みの量） |
| 塩 | 20g |
| 水 | 500ml |
| 酒 | 大さじ1 |
| さくらチップ | 15g |

（お好きな燻製チップでオッケー）

《手順》

1 ソウダガツオは三枚おろしにし、皮を引く（手で剥ける）。
2 水に塩と酒を入れ、沸騰させ、ソウダガツオを入れて15分煮込む
3 ソウダガツオを水にさらしながら身を男節と女節に分けて中骨を取り除く

4 ラップをせず、冷蔵庫で一晩乾燥させる

5 メスティンにアルミホイルを被せて燻製チップを入れる

6 上に網を被せてソウダガツオを乗せる
7 煙が出るまで中火にかける

8 煙が出たらフタをして弱火で15分燻製する
9 ほぐして完成

レシピ08

# うずわ味噌

うずわとはソウダガツオの地方名（静岡県東部地域）で背中の模様が渦輪（うずわ）に見えることが由来とされています。アレンジで細かく刻んだ青唐辛子を少々入れると甘辛くなりご飯が進みます。おにぎりに塗って焼くのも最高！

### 《材料1人前》

| | |
|---|---|
| ソウダガツオ 身の部分 | 40g |
| 味噌 | 40g |
| 砂糖 | 40g |

### 《手順》

1 ソウダガツオは三枚おろしにして皮と骨を取り除き、包丁で叩いてミンチ状にする
2 フライパンで焦げないようにソウダガツオ、味噌、砂糖（分量は1:1:1）をかき混ぜながら炒る。砂糖が完全に溶けて粘り気が出たら完成
3 大葉の上に乗せても大葉を刻んで入れてもさっぱりとして美味。スティック野菜との相性も抜群

## さかな豆知識
sakana mame chishiki

### 分布
北海道から九州南岸までの日本海・東シナ海沿岸、青森県から屋久島までの太平洋沿岸、瀬戸内海に分布。

### 大きさ
最大で1mを超える。

### 釣期
沖釣りと岸からの釣りを合わせれば周年ねらえる。

| 1 | 2 | 3 | 4 | 5 | 6 | 7 | 8 | 9 | 10 | 11 | 12 |
|---|---|---|---|---|---|---|---|---|----|----|----|

### 棲んでいる場所
水深10～200mの砂底に棲む。

### 生活史
産卵期は南ほど早く、長崎県で2～3月、北海道石狩湾で6～8月。ふ化仔魚は浮遊

# ヒラメ

食べて美味しい白身魚の代表ものは80cm以上の座布団サイますから釣りごたえも迫力も満

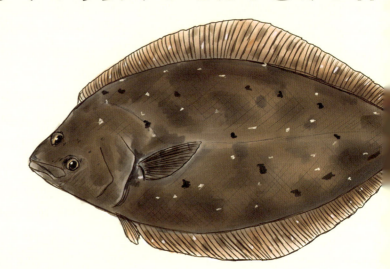

## ヒラメを釣ってみよう

### ルアーフィッシング

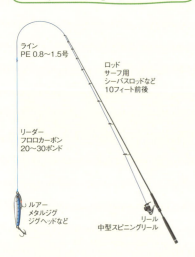

ライン
PE 0.8～1.5号

ロッド
サーフ用
シーバスロッドなど
10フィート前後

リーダー
フロロカーボン
20～30ポンド

ルアー
メタルジグ
ジグヘッドなど

リール
中型スピニングリール

**ワンポイント** 広大なサーフではどこにルアーをキャストしていいか迷うところ。最大のポイントは潮が沖に向かって流れる払い出し（離岸流）を見つけること。その周囲にできた地形変化に定位して小魚の通過を待ち構えていることが多い。小さな流れ込み、波打ち際の障害物周りなども有望。

強い日差しを嫌うので、マヅメ時がチャンスだ。

**エサ・擬似餌**
ルアー（メタルジグ、ヘビーシンキングペンシル、ワームのジグヘッドリグなど）。

トレブルフックがセットされたジグヘッドにシャッドテールワームはヒラメねらいの定番ルアー。遠投するならメタルジグやメタルバイブ、ヘビーシンキングミノーも用意しましょう

堤防からのジギングでヒット。小魚を追ってかなり岸寄りに集まることもあります

134

格。大きい
ズにもなり
点です！

サーフからヒラメねらいのワームで釣った大型！　めちゃめちゃ引きました！

ヒラメ
カレイ目ヒラメ科ヒラメ属。同じカレイ目のカレイとそっくりですが、ヒラメは獰猛で口が大きくて歯も鋭く、カレイはおちょぼ口です。そして「左ヒラメに右カレイ」というように、お腹を下にしたときに頭が左に来るのがヒラメです。カレイの頭を無理やり左にするとお腹や口が上に来てしまいます。

生活を送り眼は両側にあり、14㎜前後で頭頂部に達する。眼の移動が完了する直前に着底し、底生生活に移る。雌は1歳で34㎝、2歳で46㎝、3歳で56㎝、4歳で63㎝、5歳で68㎝になる。一方雄は、1歳で33㎝、2歳で42㎝、3歳で47㎝、4歳で50㎝、5歳で52㎝になる。50㎝以上では雌が多くなり、70㎝になるとほとんどが雌になる。寿命は12歳前後。

## 特徴
口が大きく、上顎後端は眼の後縁下より後方、両顎には鋭くて立派な歯が1列に並ぶ。日中は海底の砂に潜って顔だけを出していたり、体を海底と同じ色に変化させてじっとしている。エサを捕る際には全身を使って中層まで泳ぎ上がったり、時には小魚を追って長距離を移動する。

## 主な釣り方
魚食性が強く、沖釣りではマイワシやカタクチイワシなどの活きエサを使ったドウヅキ仕掛けの泳がせ釣りが盛ん。オカッパリではルアー釣りの人気も高い。

## 沖釣り

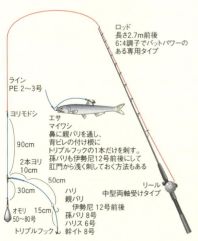

ロッド
長さ2.7m前後
6:4調子でバットパワーのある専用タイプ

ライン
PE 2～3号

ヨリモドシ

エサ
マイワシ
鼻に親バリを通し、背ビレの付け根にトリプルフックの1本だけを刺す。孫バリも伊勢尼12号前後にして肛門から浅く刺しておく方法もある

90cm

2本ヨリ
10cm

30cm

50cm

ハリ
親バリ
伊勢尼 12号前後
孫バリ 8号
ハリス 6号
幹イト 8号

オモリ 15号
50～80号

トリプルフック

リール
中型両軸受けタイプ

**ワンポイント**　沖釣りでは生きたイワシをエサにした泳がせ釣りでねらう。アワセのタイミングが難しいが、それがまた人気のひとつになっている。仕掛けが着底したら1mほど底を切りアタリを待つ。早アワセは禁物だ。アタリがあったら、サオ先を送り込み、"ググッ"と大きな引き込みが来たらゆっくりとサオを起こすように合わせよう。

お腹や口を下にして目を上にすれば自然と左ヒラメになり区別がつきます。良型が揃い数も釣れるのはやはり専門の乗合船です

ヒラメねらいのエサのイワシをハリにセットするときはなるべくバケツの水の中で行なうと弱りにくいです

レシピ01

# ヒラメの和風ムニエル

ヒラメといえばムニエル。ムニエルといえば洋風ですが、実は醤油を加えることでバターの風味がアップしてヒラメの美味しさを引き立てます。

《材料1人前》

| ヒラメ | 1冊 |
| --- | --- |
| 塩・胡椒 | 適量 |
| 小麦粉 | 適量 |
| オリーブオイル | 大さじ1 |
| バター | 15g |

【ソース】

| バター | 30g |
| --- | --- |
| 醤油 | 小さじ2 |
| シメジ | 1/4房 |
| ミニトマト | 4個 |
| 小ネギ | 適量 |

《手順》

1. ヒラメは捌いて冊にする。柵を半分に切り、塩・胡椒を振る
2. 小麦粉を満遍なくまぶす
3. オリーブオイルをフライパンに入れ、冷たい状態からヒラメを入れて焦げ目がつくまで焼く
4. バターを溶かしてヒラメに回しかけながら焼く
5. 一旦フライパンから取り出す
6. フライパンの汚れを拭き取ったらソース用のバターを溶かす
7. 粗みじん切りにしたトマトとシメジを加える
8. 醤油を加える
9. 刻んだ小ネギを加えてソースの完成
10. 焼いたヒラメにソースをかけたら料理の完成

## ヒラメの捌き方

### ヒラメは五枚おろし！

**1 ウロコを取る**

ヒラメのウロコは細かくて滑りがあります。ウロコ取りや包丁で尾から頭に向かってゴシゴシと取る方法のほか、金タワシで擦ると楽にウロコが取れます。両面しっかりとウロコを取るとキレイに捌けます！

両面から線のように切れ目を入れて背骨の結束部分目掛けて包丁を入れて頭を切り落とします。
頭を剥がすと内臓も一緒に取れます。内臓を取り除いた部分はぬめりや血合いなどを残さぬようきれいに洗い流します

背ビレ・腹ビレの皮に切り込みをいれます

ヒラメの皮の中心に線があり、そこを背骨が通っています。線に沿って包丁を入れ、切れ目を入れます

レシピ02

# ヒラメの昆布締め

《材料2人前》

| ヒラメ | 1冊 | 塩 | 適量 |
| 昆布 | 2枚 | 酢 | 適量 |

《手順》

1 ヒラメは捌いて冊にする。ヒラメの両面に薄く塩をまぶし、30分ほどおく
2 昆布の両面を酢で濡らしたキッチンペーパーで拭くとすぐに柔らかくなる
3 ヒラメの表面の水分を拭き取り、昆布で挟みラップに包む
4 冷蔵庫で丸一日寝かせる

5 薄く切って盛り付けて完成

ヒラメは釣りたても美味しいですが、寝かせて熟成させると旨味が増します。昆布締めなら一日寝かせただけでねっとりした舌ざわりの濃密な薄造りが堪能できます！

5
背骨から中骨に沿って背ビレと腹ビレに包丁を滑らすように入れ身をおろしていきます

6
腹側も同じように皮の中心に線があるので、同様の方法でおろします

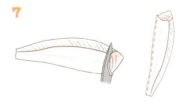

7
腹側の身には腹骨がついているので、腹骨をすきます。また、小骨（上肋骨）が背骨の位置に縦方向に付いているので切り取ります

8
皮を引く時は、まずエンガワを切り取ります

9 引っ張る
おろした平目の身を皮を下にしてまな板に置きます。尾鰭側から1cm位の所に皮ぎりぎりに切れ目を入れます。切れ目から包丁を入れ、包丁を寝かせて皮を引っ張りながら切り進め、皮と身を剥がしていきます

エンガワとは…
背ビレと臀ビレを動かす筋肉で大体、神経間棘と血管間棘の上にあります（両側にあり！）。コリコリとした食感がたまりません！

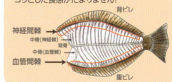

137

## さかな豆知識
sakana mame chishiki

# マゴチ

### 分布
北海道南部、若狭湾から九州南岸までの日本海・東シナ海沿岸、宮城県から種子島までの太平洋岸、瀬戸内海に分布。

### 大きさ
一般に釣れるものは40cm前後が多い。最大で70cmに達する。

### 釣期
沖釣りと岸からの釣りを合わせれば周年ねらえるが、6～9月に盛んな夏の釣りものとして知られる。

| 1 | 2 | 3 | 4 | 5 | 6 | 7 | 8 | 9 | 10 | 11 | 12 |
|---|---|---|---|---|---|---|---|---|----|----|----|

### 棲んでいる場所
内湾や河口付近などの浅海。水深30m以浅の砂泥底に棲む。

ルアー釣りをする人の間ではメと合わせてフラットフィッ ばれる扁平体型ですが、マゴ縦長のボディー。どちらも砂地猛なフィッシュイーターです。

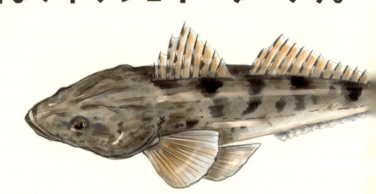

## ＼ マゴチを釣ってみよう ／

### ルアーフィッシング

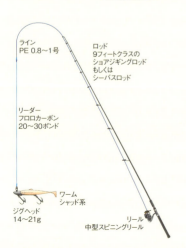

ライン
PE 0.8～1号

ロッド
9フィートクラスの
ショアジギングロッド
もしくは
シーバスロッド

リーダー
フロロカーボン
20～30ポンド

ワーム
シャッド系

ジグヘッド
14～21g

リール
中型スピニングリール

**ワンポイント** サーフや堤防からのルアー釣りでは、キャストで届く範囲にマゴチがいることが条件になります。水温の下がる冬から春先は沖の深場に落ちてしまうので晩春から秋がねらいめです。マゴチは底に定位した待ち伏せ型の捕食なので、しっかりと底を取ってねらうことが大切。シンキングミノー、バイブレーション、プラグ、ジグヘッドリグがおすすめ。

**エサ・擬似餌** ルアー（メタルジグ、ヘビーシンキングペンシル、ワームのジグヘッドリグなど）。

砂地の底にいるマゴチをねらうならワームを使ったジグヘッドリグが扱いやすく手軽です

ブラックバス用のラバージグ＋カーリーテールグラブでヒット。意外といろいろなルアーが効きます

前頁のヒラメのほうがシュと呼ぶどうチに潜む

ピンギスやハゼ類などのエサが多いサーフにはたくさんのマゴチが集まります！

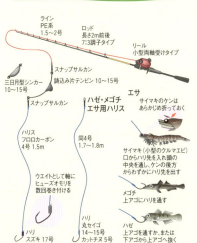

マゴチ
スズキ目カサゴ亜目コチ科コチ属。釣り人の間では照りゴチという言葉があるほど夏によく釣れる魚です。

### 生活史

産卵期は南ほど早く、九州で4～7月、東京湾で6～8月で、径0.9mm前後の分離浮性卵を産む。1歳で13cm、2歳で23cm、3歳で32cm、4歳で39cm、5歳で45cmになる。コチ科魚類は成長に伴って雄から雌へ性転換することが知られ、成長は雌のほうが早く、最大体長は雌の65cmに対して雄は40cmに満たない。

### 特徴

体は強く縦扁し、頭部と口は大きく頭部の棘は弱くて細かい。エラの棘は鋭く大きく危険。体色は黒っぽく、茶褐色のごく小さい斑点が密に並ぶ。眼は小さく、両眼間隔は広い。

### 主な釣り方

海岸からは生きエサや身エサを使う投げ釣りのほか、ルアー釣りも人気が高い。沖釣りではエビや生きたメゴチ、ハゼなどをエサにしたテンビン仕掛けでねらう。

### 沖釣り

ライン PE系 1.5～2号
ロッド 長さ2m前後 7:3調子タイプ
リール 小型両軸受けタイプ
三日月型シンカー 10～15号
スナップサルカン
鋳込み片テンビン 10～15号
スナップサルカン
ハリス フロロカーボン 4号 1.5m
ハゼ・メゴチ エサ用ハリス 同4号 1.7～1.8m
ウエイトとして軸にヒューズオモリを数回巻き付ける
エサ
サイマキのケンはあらかじめ折っておく
サイマキ（小型のクルマエビ）口からハリ先を入れ頭の中央を通し、ケンの後方からわずかにハリ先を出す
メゴチ 上アゴにハリを通す
ハゼ 上アゴを通すか、または下アゴから上アゴへ抜く
ハリ スズキ17号
ハリ 丸セイゴ 14～15号 カットヌ5号

**ワンポイント** 沖釣りは「照りゴチ」と呼ばれる夏場に人気です。乗合船ではハゼ、メゴチ、イワシ、サイマキ（小型のクルマエビ）をエサにして、底付近のタナを探ります。アタリは意外と小さく、最初は送り込み、重みが乗ったタイミングでしっかり合わせましょう。

**エサ・擬似餌** ハゼ、シロギス、メゴチなどの小魚、エビなど。

乗合船やボートからなら機動力を活かして広範囲をスピーディーに探れます。首を振る力がとても強いので、フィッシュグリップを使っていても危険なエラのトゲには充分注意してください。

レシピ01

# マゴチのカマの スパイシー空揚げ

マゴチのカマには太い骨が入っているので唐揚げにして味わうのがベスト。くれぐれも棘には気を付けてください！

《材料 2 人前》

| | |
|---|---|
| マゴチ | 1尾 |
| ハーブソルト | 適量 |
| 醤油 | 大さじ1 |
| 酒 | 大さじ1 |
| 片栗粉 | 60g |
| 揚げ油 | 適量 |

《手順》

1. マゴチはあらかじめ頭部とカマ、柵にした身、卵の3種類に分ける。夏場の良型はメスが多く抱卵個体が多いので身と一緒に煮付けでいただくのがおすすめ（P100のメバルの煮付けのレシピ参照）
2. カマは適当な大きさに切り、棘はキッチンバサミなどでカットしておく
3. カマに塩を振り、冷蔵庫で10分休ませる。出てきた水分をしっかり拭き取る
4. 醤油、酒を合わせ、10分ほど漬け込む
5. ハーブソルトをたっぷりまぶす
6. 片栗粉を満遍なくまぶす
7. 180℃の油で揚げる。泡が落ち着いてきたら引き上げるタイミング

レシピ02

# マゴチの生ハム
# ハーブソルト＆昆布茶 ver.

Love Cooking!

適度なしっとり感はまさに生ハム。おつまみにぴったりです。ここにオリーブオイルをかけてカルパッチョ風にしても美味しいですよ！

《材料1人前》

| | |
|---|---|
| マゴチ（30cm） | 2冊 |
| ハーブソルト | 適量 |
| 昆布茶 | 適量 |
| 塩 | 適量 |
| ピチットシート | 1枚 |

《手順》

1. マゴチは三枚おろしにして皮を引き、骨を抜く
2. キッチンペーパーなどでマゴチの水分を取る

3. ハーブソルトをたっぷりまぶす
4. 別の冊に昆布茶と塩をたっぷりまぶす
5. ピチットシート等の脱水シートに包み冷蔵庫で2日間寝かせる

6. 脱水された身を薄く切り分けたら完成！

## さかな豆知識
sakana mame chishiki

# スズキ

### 分布
北海道全沿岸、青森県から九州西岸までの日本海・東シナ海沿岸、青森県から日向灘までの太平洋沿岸、瀬戸内海に分布。

### 大きさ
最大で1mを超える。

### 釣期
年末年始の産卵期の直前から直後まで一時的に釣れにくくなるものの個体差もあることからほぼ周年ねらえる。沖釣りでは夏の魚として夏に人気。

| 1 | 2 | 3 | 4 | 5 | 6 | 7 | 8 | 9 | 10 | 11 | 12 |
|---|---|---|---|---|---|---|---|---|---|---|---|

### 棲んでいる場所
内湾や河口部、沿岸の浅海などにすみ、若魚は淡水域にも侵入する。季節に応じて浅場と深場を移動する。

ソルトルアーの人気ナンバーワン　シーバスという呼び名のほうが浸ど。上品な白身の高級魚ですのでのところで釣れたときはぜひご賞

## スズキを釣ってみよう

### ルアーフィッシング

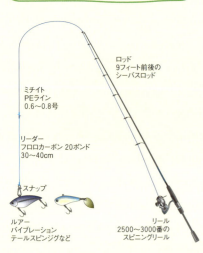

ロッド
9フィート前後のシーバスロッド

ミチイト
PEライン
0.6〜0.8号

リーダー
フロロカーボン 20ポンド
30〜40cm

スナップ

ルアー
バイブレーション
テールスピンジグなど

リール
2500〜3000番のスピニングリール

**ワンポイント** いろいろな釣り方がありますが、やっぱりルアー釣りがダントツ人気があります。シーバスが潜むのは流れが変化するポイントや障害物周り。マヅメ時と夜がよく釣れます。オカッパリなら港湾部や河口周辺がねらいめ。ルアーは標準的なサイズのミノーやバイブレーションを用意し、徐々に揃えていけばOKです。

**エサ・擬似餌** ルアー（リップレスミノー、シンキングペンシル、テールスピンジグなど）。

春先の河川下流域ではバチ（ゴカイ類）やアミなども産卵明けのスズキのエサになり、これらを模したルアーの釣りも楽しまれています

夜行性が強いですが日中にトップで釣れることも！

多彩なルアーに反応がよく、フッキングしてからはジャンプを繰り返してファイトも楽しい人気者です

ターゲットで、
透しているほ
きれいな水質
味ください。

スズキ
スズキ目スズキ亜目スズキ科スズキ属。20～40cmがセイゴ、60cmまでがフッコ、それ以上がスズキと呼び名が変わる出世魚です。ルアーアングラーはサイズは関係なくシーバスと呼びます。

## 生活史

産卵期は冬～初春で、多くは12～翌1月。産まれた仔魚はしばらく沖合で生活し、成長するにつれて河口や湾奥のアマモ場などに集まる。春～秋は内湾や沿岸部の浅所で生活し、水温が下がると湾口部などの深場で冬を越す。また、河口部にも生息し、河川にも侵入し純淡水のエリアでみられることもある。

## 特徴

肉食性で、若魚のうちは甲殻類や多毛類などを食べる。スズキクラスになると魚食性が強まる。昼夜を問わず捕食行動をとるが、夜間のほうが釣りやすいとされる。全国的になじみ深い魚で、湾奥の工業地帯など水質の悪い水域でも生息できる。大半の大河川の汽水域で見られる。

## 主な釣り方

古くから海のルアー釣りの人気ナンバーワンターゲットでシーバスと呼ばれる。エサ釣りは堤防や磯からはエビ撒き、電気ウキを使った夜釣り、砂浜からの投げ釣りが人気。沖釣りでは生きたエビをエサにねらう。

### エビ撒き釣り

**ワンポイント** エビ撒き釣りは生きたモエビを寄せエサにします。関東ではあまり馴染みのない釣りですが、関西では「ハネ釣り」と呼ばれて人気があります。エビの撒き方は上撒きと底撒きがあり、上撒きは専用のヒシャクに入れたら、軽くシェイクしてエビを気絶させてから撒きます。底撒きは底撒き器をウキ下部のヨリモドシにセットして、タナに到達したら煽ってカゴを開けて撒きます。

**エサ・擬似餌** モエビ（関西ではシラサエビ）。

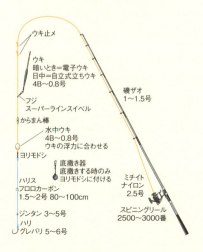

ウキ止メ
ウキ
暗いとき＝電子ウキ
日中＝自立式立ちウキ
4B～0.8号
フジ
スーパーラインスイベル
からまん棒
水中ウキ
4B～0.8号
ウキの浮力に合わせる
ヨリモドシ
底撒き器
底撒きする時のみヨリモドシに付ける
ハリス
フロロカーボン
1.5～2号 80～100cm
ジンタン 3～5号
ハリ
グレバリ 5～6号
磯ザオ
1～1.5号
ミチイト
ナイロン
2.5号
スピニングリール
2500～3000番

関西では「ハネ釣り」と呼ばれ人気のエビ撒き釣り。ハネとは関西でのフッコの呼び名です。モエビ専用のヒシャクを使った「上撒き」はタナが浅く、潮が緩く、風も弱い時に効果的

「底撒き」は「底撒き器」というカゴにモエビを入れて撒きます。向かい風が吹いても底撒きなら寄せエサと付けエサを同調させやすいのです

最大出世のスズキ様とはシーではなくリバーでお会いできました！

# 出世魚を全制覇

地元の浜名湖では真冬に港の中に入ってくるセイゴたち。3cmほどの小魚をエサとしているようです。常夜灯に照らされ堤防の際には明暗ができています。そこをスッと通り過ぎるのがセイゴ。ライトタックルでアジをねらっていても釣れちゃう時もあります。ちょうどアジねらいで港を散歩していたらワームを追いかけてくるセイゴが見えたのでねらってみました。1g以下のジグヘッドにピンテールやシャッドテールのワームをセット。投げて色んな層をただ巻きしているとヒットします。カラーは青銀ラメがよくアタリます！

ボート釣りも楽しいシーバス。浜名湖をボートで走っていると、夏から秋にかけてボラの子やトウゴロウイワシのベイトボール（小魚の群れが外敵に襲われて球状に密集すること）を見ることがあります。上空にはそれをねらうカモメ。水深は3mくらいの浅いところなので真っ黒のベイトがよく見えます。

夕方の少し前辺りで水面がバシャバシャと盛り上がりました。そのナブラをねらって鉄板ことメタルバイブの14gを投げると勢いよく追ってくるスズキ！そしてすぐにヒットしました！フッコ以上スズキ未満のナイスなシーバスでした（笑）。

そして夜の写真はまさにスズキサイズの大物でした！釣ったのは河口から3kmも上流。とても緩やかな川で水深は40cmほどしかありませんでした。フローティングミノーを草の陰に投げているとヒット！川の流れも相まって強い引き！こんなところまで登ってくるのかとびっくりさせられます。河川では特に雨が続くと釣れる気がします。

ボートからのストラクチャー撃ちやナブラ撃ちは興奮します！

セイゴクラスはアジングタックルでねらうと楽しめます！

レシピ 01

# スズキの
# クリスピーフライ

今回はコンソメ味のポテトチップスとちょっと湿気ってしまったカールを使いました。いつもの揚げ物にはない食感と見た目を演出してくれます。さっくりとしてとても美味しい！色んなスナック菓子で試してみてください。

### 《材料 1 人前》

| | |
|---|---|
| 50cm前後のスズキ | 1尾 |
| 卵白 | 1個分 |
| 片栗粉 | 大さじ2 |
| お好きなスナック菓子 | 1袋 |
| 塩・胡椒 | 適量 |
| 揚げ油 | 適量 |

### 《手順》

1 スズキは三枚おろしにして腹骨をすく。食べやすい大きさに切り、塩・胡椒する
2 卵白は泡立て器でメレンゲを作っておく

3 お好きなスナック菓子を砕いておく

4 スズキに片栗粉をまぶす
5 メレンゲをまとわせる
6 砕いたスナック菓子をまんべんなく付ける
7 170℃の油でキツネ色になるまで揚げたら出来上がり

レシピ 02

# スズキのイタリアンオーブン焼き

今回、スズキは皮を引きましたが、皮を残してもオッケーです。薄切りにして焼いたフランスパンに具を乗せて食べてみてください！ パーティ気分を味わえます！

《材料 2 人前》

| | |
|---|---|
| 50cm前後のスズキ | 半身 |
| ミニトマト | 10個 |
| ニンニク | 1片 |
| 黒オリーブ | 10粒 |
| ケーパー | 5粒 |
| パセリ | 適量 |
| 白ワイン | 大さじ3 |
| 塩・胡椒 | 少々 |

《手順》

1 スズキは三枚おろしにして腹骨をすく。食べやすい大きさに切り、塩・胡椒する。ミニトマトは半分に切る。黒オリーブはタネを抜いて輪切りにする。パセリはみじん切り。ニンニクは半分に切って潰しておく

2 耐熱皿にスズキ、黒オリーブ、ミニトマト、ニンニク、ケーパーを入れ、パセリを振りかける

3 白ワイン、オリーブオイルをふりかけて180℃のオーブンで30分焼く

レシピ03

# スズキの
# ニンニクごま油香るポワレ

オリーブオイルではなく、ごま油をお使いください。皮目はカリッと、中はフワフワに仕上げるには火加減が大事！ニンニクチップスのカリッと感とトマトの酸味のあるソース、ごま油の香りがベストマッチです。

《材料1人前》

| | |
|---|---|
| スズキ | 1切れ（80g程度） |
| ごま油 | 大さじ1 |
| ニンニク | 1欠片 |
| ミニトマト | 3つ |
| パセリ | 適量 |
| 塩 | 適量 |
| ポン酢 | 小さじ2 |
| ブラックペッパー | 適量 |

《手順》

1 スズキは三枚おろしにして切り身にし、塩を振って10分ほど冷蔵庫で寝かせる
2 フライパンにごま油と薄切りにしたニンニクを弱火でゆっくりと熱し、ニンニクチップスを作る
3 ニンニクを取り出して油を拭き取り、スズキを皮目から焼く。中火で約3分焼く。最初は箸や指で魚を30秒ほど押さえて魚が沿ってしまうのを防ぐ
4 皮目に焼き色が付いたら魚を返して1分ほど焼き（この時フライパンの油をスプーンなどですくって魚にかけながら焼く）、火を止めて余熱で3分ほどゆっくり加熱する
5 魚をフライパンから上げ、その油と刻んだパセリ、くし切りにしたミニトマト、ポン酢を入れて熱する。少し水分が飛んだら火を止める
6 スズキにニンニクチップスとソースをかけ、ブラックペッパーをかけたら完成

## さかな豆知識
sakana mame chishiki

# タチウオ

### 分布
北海道から九州南岸までの日本海・東シナ海・太平洋沿岸、瀬戸内海、東シナ海大陸棚域に分布。

### 大きさ
最大で 1.5m を超える。

### 釣期
かつて関東での沖釣りでは 7〜12月ごろに盛んだったが、東京湾ではオフシーズンがなくなりつつあり、常磐、東北にエリアが拡大したことによりオフシーズンがなくなってきている。

| 1 | 2 | 3 | 4 | 5 | 6 | 7 | 8 | 9 | 10 | 11 | 12 |
|---|---|---|---|---|---|---|---|---|----|----|----|

### 棲んでいる場所
沿岸部の表層〜水深 400 m前後の海底に群れて生活している。

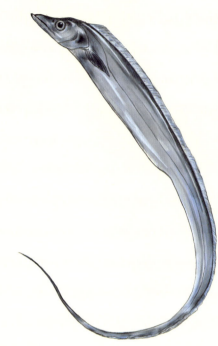

魚の大きさの測るのはこのでしょう。指チウオの体の幅が指4本いうこと。目

タチウオ
スズキ目サバ亜目タチウオ科タチウオ属。大きな口に鋭い犬歯、そして大きな目とまさに太刀のような魚体。迫力ある妖艶さが魅力です！

## ＼ タチウオを釣ってみよう ／

### ワインド

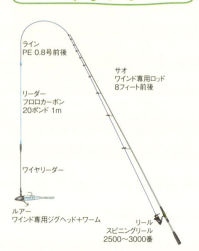

ライン
PE 0.8号前後

サオ
ワインド専用ロッド
8フィート前後

リーダー
フロロカーボン
20ポンド 1m

ワイヤリーダー

ルアー
ワインド専用ジグヘッド＋ワーム

リール
スピニングリール
2500〜3000番

**ワンポイント** 堤防などからのオカッパリで人気の釣り方です。通常のジグヘッドリグのただ巻きでも釣れますが、大きくダートする誘いが特徴的なワインドもタチウオに効きます。ロッドは専用製品以外でもシーバス用やエギング用なども流用可能です。ワインド専用のジグヘッドとワームは必須アイテムで、ワイヤリーダーも歯の鋭いタチウオには有効です。
基本的な釣り方はルアーを目的のタナまで沈めたらワインドアクション＝ロッドを上下に操作しながらリールを1回巻くだけ。
これでルアーは左右へ大きくダートしてタチウオを誘います。

**エサ・擬似餌** ルアー（ワインド専用ジグヘッド＋ワインド専用ワーム）

ダートアクションをさせるならワインド専用のジグヘッドとワームを組み合わせます

群れに当たると1mクラスが入れ食いになることもあるタチウオジギング

ことを指の数で指せ指5本！タチウオくらい4本といえばタ高、つまり魚体分の幅と同じと

タチウオのサイズは全長よりも魚体の幅で測ることが多い、これはテンヤで釣れた指6本の特大！

### 生活史

産卵期は春〜秋の長期にわたり、海域により異なる。産卵群の9割は1歳魚で占められており、2歳魚以上の高齢魚は少ない。小型の若魚は主にオキアミ類などの浮遊性甲殻類を食べ、58cmを超えると魚類へと食性が切り替わる。食性の変化に応じて上顎歯の形状が犬歯状から鉤状へと変わる。

### 特徴

体は薄く細長いリボン状で銀色に輝く。尾ビレと胸ビレは退化し、背ビレ基底は長く、胸ビレは上を向く。口は大きく、触っただけで切れるほど鋭い歯を持つ。背ビレを波打たせて遊泳し、立ち泳ぎの姿勢で中層に定位。捕食時は水平遊泳することが多い。

### 主な釣り方

沖釣りでは、エサ釣り（テンヤ釣り、テンビン釣り）とルアー釣り（ジギング）に大別される。岸からの釣りでは夜釣りが基本となり、電気ウキ釣りとルアー釣り（ワインドなど）に大別される。

**ワンポイント** 沖からの釣りはルアーならジギング、エサならドウヅキやテンビン仕掛けなどがありますが、近年はテンヤの釣りが人気です。もともと大阪湾など関西発祥でしたが、東京湾や常磐方面でも盛んになっています。テンヤに巻き付けたイワシなどのエサに食いついた時に合わせて掛けていくダイレクト感が魅力の釣りで、ドラゴンとも呼ばれる120cm以上の大型に効くと評判です。

**エサ・擬似餌** テンヤ（イワシ、コノシロなど）

#### テンヤ

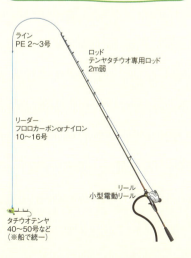

最近のテンヤはとても進化し、エサのイワシとテンヤの一体感が向上しています

堤防の足もと近くまで群れが寄ったときはキビナゴエサのフカセ釣りがお手軽です
天竜川沖でキャッチした指4本オーバー

群れが寄るとタマヅメに2～3尾釣って晩御飯のおかずにする地元アングラーも多いです

## 堤防釣りも沖のジギングも楽し

　私の住む静岡県もタチウオ釣りが盛んで、タチウオが群れでベイトを追って堤防や砂浜近くまで入ってきます。夕方から特に岸際に寄ってくるのでルアーでもエサ釣りでもねらえます。オカッパリはルアー釣りが人気ですが、108ページでも紹介したキビナゴエサのフカセ釣りも手軽で楽しいです。

　沖釣りでは遠州灘天竜川沖が指4本以上の大きなタチウオが釣れることで知られています。天竜川沖のポイントは早朝に漁師さんが漁をしているので10時から釣りが可能です。

　ポイントの水深は100m前後。タチウオの反応は少し上の50mくらいで出ることが多い感じでした。100mくらいなら100g程度のメタルジグでもいいのでは、という考えは甘くて、遠州灘は潮が速いので200g以上のジグでないとあっという間に流されてしまいます。今回も200～240gのジグを持参しました。

　まずは一旦底までジグを落とします。底に落ちたことを確認したら色んなスピードでしゃくってみます。魚群探知機には50m付近に反応が出ていました。その付近でジグをしゃくっているといきなりふわっと重みが抜けて軽くなります。これはタチウオがジグを咥えて上に引き上げている時に起こります。慌ててリールを巻いて重さを感じます。明らかにタチウオの重さを感じます！

　タチウオ釣りはここからも緊張の時間。リールを巻き上げている途中にラインブレイクすることも多々あります。ジグにアタックしてきたタチウオの胴体付近にハリが刺さり、暴れたタチウオにイトを切られてしまうという現象がよく起きます。しかもここで釣れるタチウオは大型が多いのでその確率が上がります。

遠州灘天竜川沖でキャッチした指4本オーバー

　1尾目は運よく指4本と大きめのタチウオでした。ポイントに入るとアタリがある状態で、ジグをロストする光景もチラホラ。タチウオ釣りの際はジグを多めに持参することをおすすめします……。いずれにせよ終始アタリが多く楽しい時間となり、3時間ほどで10尾以上は釣れました。

　タチウオはウロコがなく、調理が楽なのも嬉しいですね。炙ってお刺身や天ぷらも最高です。

夜行性なので夜もよく釣れます！

レシピ01

# タチウオの蒲焼き丼

ウナギの蒲焼きよりもさっぱりしていますが、タチウオのホクホク感とタレが合います！ウナギのタレがお家にある時はそのまま使ってください。

## 《材料1人前》

| | |
|---|---|
| 指4本のタチウオ | 2尾 |
| 薄力粉 | 大さじ1 |
| 油 | 大さじ2 |
| 醤油 | 大さじ4 |
| 酒 | 大さじ4 |
| みりん | 大さじ2 |
| 砂糖 | 大さじ4 |
| ご飯 | 丼2杯分 |

## 《手順》

1. タチウオは三枚おろしにして6cmほどの幅に切り分ける
2. キッチンペーパーを敷いてタチウオを並べ、塩を振り冷凍庫で15分寝かせる
3. さっと水で流しキッチンペーパーで水気をしっかり拭き取る
4. タチウオに薄力粉をまぶす

5. 油を熱しタチウオを焼く。狐色になったら一度フライパンから取り出す

6. フライパンの油を拭き取り、醤油、酒、みりん、砂糖を熱する。

7. 沸騰してきたらタチウオをフライパンに戻す
8. タレにトロミがつきタチウオに絡ませる

9. ご飯にもタレをかけてからタチウオを乗せる。お好みで山椒と三つ葉をどうぞ

レシピ02

# タチウオの
# くるくる揚げチリマヨ

指3本以下の細めのタチウオや大きいサイズの尻尾部分を美味しく食べるのに適した調理法ですのでぜひ覚えてご活用ください！

《材料1人前》

| | |
|---|---|
| 指3本以下のタチウオ | 1尾 |
| マヨネーズ | 大さじ2 |
| 片栗粉 | 適量 |
| スイートチリソース | 大さじ2 |
| イタリアンパセリ | 1束 |
| レモン | お好みで |
| 塩・胡椒 | 適量 |
| 揚げ油 | 適量 |

《手順》

1 タチウオは三枚おろしにする。できるだけ尻尾のほうまでしっかり使う
2 4cmくらいの長さに切り分ける
3 細いほうからクルクルとしっかり巻き、楊枝で刺して固定したら塩・胡椒をまぶす

4 タチウオに片栗粉をまぶす
5 180℃の油で狐色になるまで揚げる
6 ボールに刻んだイタリアンパセリ、マヨネーズ、スイートチリソースを混ぜ、そこに楊枝を外したタチウオを入れて混ぜ合わせる

レシピ 03

# タチウオの押し寿司
# 牛乳パックで作る簡単 ver.

牛乳パックを使った簡単押し寿司。見栄えもいいのでぜひパーティメニューに取り入れてみてくださいね！

## 《材料 2 人前》

**【タチウオの煮付け】**
| | |
|---|---|
| 指3本のタチウオ | 半身 |
| 水 | 70ml |
| 醤油 | 大さじ1 |
| みりん | 大さじ1 |
| 砂糖 | 大さじ1 |

**【タチウオの酢締め】**
| | |
|---|---|
| 指3本のタチウオ | 半身 |
| 塩 | 適量 |
| 酢 | 100ml |

**【酢飯】**
| | |
|---|---|
| ご飯 | 300g |
| 青海苔 | 大さじ1 |
| 酢 | 大さじ2.5 |
| 砂糖 | 大さじ1 |
| 塩 | 適量 |

**【錦糸卵】**
| | |
|---|---|
| 油 | 適量 |
| 卵 | 1個 |
| 砂糖 | 小さじ1 |
| 酒 | 小さじ1 |
| 大葉 | 1枚 |
| 小ネギ | 少々 |

## 《手順》

**【タチウオ煮付け】**
1. タチウオは三枚おろしにする
2. 鍋に水、醤油、みりん、砂糖を入れて加熱する。ふつふつしてきたらタチウオを入れる
3. アルミホイルなどで落とし蓋をして中火で約10分煮る
4. 煮汁にとろみがついたら火から下ろしておく（冷蔵庫で冷やしたほうが形崩れしにくいので盛り付けしやすい）

**【タチウオの酢締め】**
1. タチウオは三枚おろしにする
2. 塩を強めに振ってキッチンペーパーを敷いたバットに乗せて冷蔵庫で15分以上寝かせる
3. タチウオの塩を洗い流し水気をよく拭き取る
4. 酢に漬け込み1日冷蔵庫で寝かせる

**【酢飯】**
1. ご飯と酢、砂糖、塩を合わせて酢飯を作る
2. ご飯を半分に分け、片方に青海苔を入れてよく合わせておく

**【錦糸卵】**
1. 卵、砂糖、酒をよく混ぜ合わせる
2. フライパンを熱し油を薄く引く。卵液を入れて薄い卵焼きを作る。卵液を入れたらすぐに火を消して周りが乾いたら取り出す
3. 棒状に丸めて薄く切れば錦糸卵の完成

**【押し寿司】**
1. 牛乳パック1個をよく洗って乾かしておく。約5cm高さの筒状に切ったものを2個作っておく
2. ラップを敷いて牛乳パックを乗せる
3. 青海苔と混ぜた酢飯を牛乳パックに詰めて軽く押しておく
4. 錦糸卵を上に敷く
5. 残りの酢飯を上に重ねる
6. 大葉を乗せる
7. 枠の大きさに切った煮付けのタチウオ、酢漬けのタチウオをそれぞれ乗せる。酢漬けは皮目を炙るとさらに美味しい
8. 下に敷いてあるラップでそのまま包んで冷蔵庫で30分以上寝かせる
9. 煮付けには輪切りにした小ネギ、酢漬けにはすだちを乗せて完成

## さかな豆知識
sakana mame chishiki

# アオリイカ

釣って楽しく食べて美味しい超人気アオリイカです。アジなどの小ヤエン、ウキ釣りも楽しいですが、お手軽なエギング

### 分布
北海道南部から伊豆－小笠原諸島を含む琉球列島まで。

### 大きさ
胴の長さが最大で40～50cmほど。2kgを超えると大ものの部類に入る。

### 釣期
大型がねらえる4～6月と、夏に生まれた個体が成長して釣れだす9～12月がおもなシーズン。

| 1 | 2 | 3 | 4 | 5 | 6 | 7 | 8 | 9 | 10 | 11 | 12 |
|---|---|---|---|---|---|---|---|---|----|----|----|

### 棲んでいる場所
水深100m以浅の岩礁域や海藻の生えている場所に棲む。春から初夏、秋から初冬の高水温期は岸寄りの浅場で多く見られ、冬から春先の低水温期は深場に落ちる。

## アオリイカを釣ってみよう

### エギング

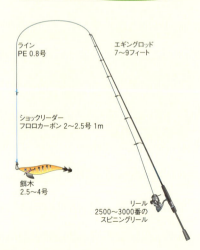

ライン PE 0.8号
エギングロッド 7～9フィート
ショックリーダー フロロカーボン 2～2.5号 1m
餌木 2.5～4号
リール 2500～3000番のスピニングリール

**ワンポイント** エサ釣りも楽しいですが、やっぱりなんといってもエギングがおすすめ。春は3.5～4号のエギを使うことが多く、秋は2.5～3号の小さめを選びましょう。秋は岸寄りの浅場に多く、また、育ち盛りで食い気もあるので、連続したジャーク（シャクリ）を入れてエギを左右にダートさせることでイカを興奮させて誘い、時おりフォールをまじえると抱いてきます！

身近な堤防や磯などのオカッパリで楽しめるエギングが人気。大型は抜き上げると身切れしやすいのでギャフまたは玉網を使います。玉網はイカが暴れやすいのでギャフのほうが取り込みは容易です

オカッパリ用のノーマルエギにティップラン専用シンカーをセットすることで深場もねらえます。通常は日中に楽しむことが多く、タックルも図のようなスピニングタックルがメイン

# カ

人気ターゲットが
小魚をエサにする
なんといっても
エギがおすすめ！

好奇心旺盛でエギへの反応がよく、大型になるとジェット噴射の激しいファイトで釣り人を魅了します。しかも、食べて美味しく、まさにイカの王様的存在！

**アオリイカ**
ツツイカ目ヤリイカ亜目ヤリイカ科アオリイカ属。北海道南部以南の沿岸部に生息。幅の広い胴と半円形のヒレを持ちます。非常に目がよく、真後ろ以外のほぼ全方向を見ることができるとされています。そのため好奇心が強い反面、警戒されると釣りづらくなります。秋から小型の釣りシーズンが始まり、春の乗っ込みシーズンには胴長40～50cm、重さ2～3kgまで成長した大型も釣れます。

## 生活史

産卵期は春～夏で、南ほど早い。この時期には浅場に接岸し、雌雄がペアになって藻場やアマモ場に長さ10cm前後の卵鞘に入った卵を房状に産みつける。産卵から1ヵ月ほどでふ化した稚イカはそのまま浅場で甲殻類や小魚などを食べながら育ち、水温が低下するにつれて再び深い場所に落ちる。寿命は1歳で、雄は雌より大型になる。

## 特徴

日本の沿岸に棲むイカ類のなかでは大型で、幅の広い胴と胴のほぼ全周につく半円形のヒレをもつ。このヒレを波打たせて泳ぐ。生きている間の体色は半透明で、釣りあげて死ぬと白濁する。非常に目がよく、真後ろ以外のほぼ全方向を見ることができるとされている。そのため好奇心が強く、エギと呼ばれる疑似餌への反応もよい。
アオリイカにはシロイカ型、アカイカ型、クワイカ型の3種が含まれ、本州で釣れる大半はシロイカ型。黒潮の影響を受ける海域で見られる南方系のアカイカ型は特に大型に育つ。

## 主な釣り方

餌木（エギ）と呼ぶ、日本の伝統的なルアーの釣りが人気で、足場のよい堤防や地磯からねらえる。アジなどの活きエサを使うウキ釣りや、ヤエン（アオリイカ釣り用の仕掛け）も人気。水温が下がって深場に落ちるとティップランというバーチカルエギングでねらうことができる。

### ティップラン

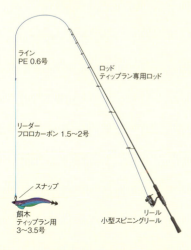

ライン PE 0.6号
ロッド ティップラン専用ロッド
リーダー フロロカーボン 1.5～2号
スナップ
餌木 ティップラン用 3～3.5号
リール 小型スピニングリール

**ワンポイント**　岸から届かない沖の深場に落ちたアオリイカを船からのエギングでねらう釣り方。エギは30～40gの重い専用エギまたはノーマルエギに専用シンカーをセットして船の真下へ落とします。着底させたのちシャクって誘い、その後はステイで抱かせるのが基本操作。アオリイカがエギに触れるとティップ（穂先）がクンともたれたりテンションがフッと抜けることからネーミングされた釣り方です。

エサを捕食しているアオリイカに、あとからこのように掛けバリを送り込むヤエン釣り

ヤエン釣りに使用する活きアジ。ウキ釣りでも使われるエサです

155

Love Fishing!

9月上旬の試し釣りとしては上々のスタート。10月中旬から11月いっぱいはサイズも一気によくなるそうです！

## お手軽エギングのススメ

　私の住む静岡県は昔からエギングが盛んで、磯・港・サーフなど、特に春と秋のシーズンには手軽にエギでねらえます。

　ところが今回のアオリイカ料理の取材はまだ9月上旬と時期的にまだ早く、店頭にも並んでいません。食材をどうしようかと悩んでいたら編集部の方から「西伊豆・戸田の福将丸さんが9月から2ヵ月くらいアオリイカねらいで出船するみたいですよ」と連絡が。

　私自身、伊豆でのティップランは初めての経験で、しかも夜とあってダブルの初体験でした。今回はオカッパリのエギングで使っているエギとティップラン用のエギ、そして底をきちんと取れるようにティップラン用シンカーの20gを持参しました。

　マルイカ、スルメイカ、ヤリイカなど周年イカねらいで出船する福将丸さんでは通年、9月中旬から11月いっぱいアオリイカねらいで出船するそうです。乗り合いは日没前の17時くらいから出船。ティップランのほか中オモリを使ったシャクリ釣りでもOK。集魚灯は焚きませんが船上はライトが点いて明るいためサオ先やラインは見やすいです。

　今回はまだ本格シーズン前の「試し釣り」でしたが、明るく元

例年、9月下旬あたりからこのサイズが浅場で釣れるようになります

静岡に多いゴロタ浜は急深のため、岸から投げて届く範囲にもアオリイカが回遊してきます

エギングは日中も夜も楽しめます。月の大きさや高さで釣れるエギのカラーも違うといわれています

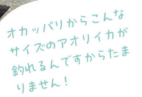

オカッパリからこんなサイズのアオリイカが釣れるんですからたまりません！

地元静岡県にある戸田港の福将丸さんを利用。シーズン直前の試し釣りということでワクワクの私

気な女将の眞野有理さんも「久しぶりの釣り！」と意気込みながら同船してくれました。

　港がある戸田湾は凪でしたが、湾外に出ると強烈なウネリ。予想外のことで少し怯みましたが、船長が風裏のポイントに入れてくれたので静かな水面で釣りを開始することができました。港から出て15分ほど走ったところで陸に近く、伊豆の崖を見ながらの釣りでした。水深は30mほど。まずは底までエギを落としてフワッとシャクリを何度かした後、また底に落とすという繰り返し。

　今回私はティップラン用のサオではなく、自作のタイラバロッドとライトジギングロッドで挑みました。ライトジギングロッドのほうがシャクリやすく感じました。もうひとり、カメラマン兼食材ゲット役として同行してくれたシンジ君は船キスロッドを使いました。女将の眞野さんは中オモリのシャクリ釣りをしています。

　シーズン初めの試し釣りとあって、文字通りいろいろな誘い方を試してみますが、なかなか反応が得られません。一度フリーフォール中に当たったのでそれを長い時間試していると、幸先よく中オモリの仕掛けの女将がアオリイカゲット！　時期的に赤ちゃんサイ

# 初めての
# ナイトティップランに
# 挑戦

助っ人のシンジ君は専用シンカーをセットしたエギでポンポンと釣っていきますが……

これで料理が作れる！と安堵の表情の私。でもその後は時合に突入してグッドサイズが連発。楽しすぎます！

試し釣りということで、明るいキャラで人気の名物女将の眞野有理さんも中オモリのシャクリ釣りで今期の初イカをゲットしていました

シンジ君のアドバイスを受けてティップランエギからノーマルエギに変えてシンカーをセットしたところ、乗りました！

海水循環しているイケスの中はご覧のとおり。港に着いたらクーラーボックスに仕舞う前に目の上を締めると墨を吐いて汚れることがなくなります

ズかもと思っていましたが、なんの料理でも使えるサイズ！

　さらにシンジ君もポンポンとアオリイカを釣っていき、船上は盛り上がっていますが、私は少し焦り気味。

　そこで結果を出しているシンジ君にやり方を教わります。いわく、サオの長さ分上にシャクリ上げたら、エギの重さを感じながらしっかりとテンションフォールを行ないます。すると、サオを下げているのにラインが止まりました。アワセを入れるとイカ独特の重さが！　一定の速度でリールを巻いてくるとしっかりとアオリイカがエギを抱いて上がってきました。

　エギのフォール姿勢がとても大事だと感じました。要領をやっと掴むと連続でアタリが来ます。どうやら時合だったようで女将もアオリイカを楽しそうに次々に釣りあげます！

　ヒットしたエギはピンク、オレンジ系の派手カラー。試しにヒットしている時合に地味な緑を試しましたがヒットしませんでした。カラーもその日の月の大きさなどで変わるので対応できるカラーバリエーションは準備しましょう。また、潮の流れや速さがコロコロ変わるのでティップラン用シンカーも持参しましょう。

　この日は底付近でのヒットが多く、中層ではマルイカも釣れました。ちなみに釣れたイカは最後まで海水循環イケスで元気に泳いでいて、最後にしっかり締めて帰りました。イカ締めピックがあると便利です。

## アオリイカの下ごしらえ

アオリイカは内臓以外（左の写真にはありませんが墨袋も使います）に捨てるところがありません。今回は各部位ごとに楽しめる料理を作りました！

左上：カラストンビ、エンペラ
右上：目の上の軟骨と漏斗
左下：胴
右下：ゲソ
エンペラと胴の薄皮はこの時点で剥いています

胴体から内臓を抜き取ったところ。右上に見える青い袋状のものが墨袋。真ん中の肌色の部分が肝。このほか内臓部分と目玉は使わないので捨てます

### レシピ01
# アオリイカの中華風カルパッチョ

Love Cooking!

ラー油を少し加えることでちょっと大人の味に！　ご飯にぶっかけて卵黄を落とすとご馳走になります♪

《材料2人前》

| | |
|---|---|
| アオリイカ胴体 | 1パイ分 |
| ラー油 | 小さじ1/2 |
| 醤油 | 小さじ1 |
| ごま油 | 小さじ1 |
| かいわれ大根 | 1/4パック |

《手順》

1 アオリイカの胴を0.5cm×4cmくらいの短冊に切る
2 すべての材料を混ぜ合わせれば完成

レシピ02

## アオリイカの ゲソキムチ

釣りたてのアオリイカが手に入ったらこれ！ 釣りから帰ってきてすぐ仕込めます。ちなみにこのままごま油で炒めても絶品おつまみになります！

《材料2人前》

| アオリイカのゲソ | 2ハイ分 |
| キムチの素 | 大さじ3 |
| ごま油 | 小さじ1 |

《手順》

1 アオリイカのゲソは腕の吸盤部分を切り落とし、1本ずつ切り分けて塩をかけて揉む（特に吸盤を入念に）
2 塩を洗い流しキッチンペーパーで水気を切る
3 ゲソにキムチの素とごま油をかけ、よく混ぜ合わせる
4 冷蔵庫で15分ほどおいたら完成

---

レシピ03

## アオリイカの 肝墨焼き

エンペラ、カラストンビ、目の上の軟骨、肝、墨を使った簡単おつまみ。胴体はお刺身に使うので入れませんでしたがどこの部位でもオッケーです。

《材料2人前》

| エンペラ、カラストンビ、漏斗、目の上の軟骨、肝、墨 | 3バイ分 | 酒 | 大さじ1 |
| タマネギ | 1/2個 | オイスターソース | 小さじ2 |
| ごま油 | 小さじ1 | 醤油 | 小さじ2 |
| にんにく | 1/2欠片 | 砂糖 | 小さじ1 |
| | | 小ネギ | 適量 |
| | | 塩・胡椒 | 少々 |

《手順》

1 ニンニクはみじん切り、タマネギは薄切りにする
2 エンペラ、目の上の軟骨は食べやすい大きさに切る。
3 酒、オイスターソース、醤油、砂糖を合わせる
4 フライパンにごま油とニンニクを入れて熱しゆっくり香りを出す
5 タマネギをしんなりするまで炒める
6 エンペラ、カラストンビ、目の上の軟骨、肝、墨を入れて炒める。炒めていくと真っ黒になっていく
7 合わせた③のタレを入れて最後に小ネギと塩・胡椒を振って完成

レシピ 04

# アオリイカのレモンマリネ

作り置きしてパッと出せる前菜です。セロリは葉もアクセントに入れると美味しく可愛いです。

《材料 2 人前》

| | |
|---|---|
| 秋サイズのアオリイカ | 1 パイ |
| ニンジン | 1/2 本 |
| セロリ | 1/4 本 |
| レモン | 1 個 |
| オリーブオイル | 大さじ 2 |
| 粒マスタード | 大さじ 1 |
| 蜂蜜 | 小さじ 2 |
| しょうゆ | 小さじ 2 |
| 塩 | ひとつまみ |
| 胡椒 | 適量 |

《手順》

1 ニンジンはスライサーでスライスし、千切りにする。セロリは薄く斜め切りしたあと細切りにする
2 ニンジン、セロリをボウルに入れ塩ふたつまみ（分量外）をもみ込み 5 分おいてから水気を絞る
3 レモンは半分を薄い輪切りにし、十字に 4 等分に切る。残りのレモンは果汁を絞り、タレに使う
4 イカの胴は 1cm×4cm くらいの短冊切りにし、ゲソは 1 本ずつ切り分ける
5 鍋に湯を沸かし、塩小さじ 1（分量外）を加え、イカを弱火で 2 分茹でる。ざるに上げ水気を切る
6 レモン果汁とオリーブオイル、粒マスタード、蜂蜜、しょうゆ、塩、胡椒を合わせる
7 イカ、ニンジン、セロリ、レモンのスライスを加え、よく混ぜ合わせて冷蔵庫で 1 時間以上冷やしてから器に盛り付ける

レシピ 05

# アオリイカの アヒージョ

ニンニクの香りと塩気の効いたオリーブオイルを吸ったフランスパンの旨さが爆発！

## 《材料 2 人前》

| | |
|---|---|
| アオリイカ | 1 パイ |
| ミニトマト | 5 個 |
| マッシュルーム | 2 個 |
| ブロッコリー | 1/4 房 |
| ニンニク | 2 欠片 |
| 唐辛子 | 1 本 |
| イタリアンパセリ | 1 束 |
| オリーブオイル | 具材が浸るくらい |
| 塩・胡椒 | 適量 |
| フランスパン | 食べる分 |

## 《手順》

1 アオリイカの各部位を食べやすい大きさに切る
2 ミニトマトはヘタを取り、マッシュルームは大きければ一口サイズに切る。ブロッコリーは塩茹でして水分を拭っておく
3 ニンニクはスライスする。唐辛子はタネを抜き、輪切りにする
4 具材をひたひたのオリーブオイルの中で煮る。煮えたら刻んだイタリアンパセリを振りかけ、塩・胡椒で味を整える
5 焼いたパンを添えて完成

# 第4章
# 堤防で釣れる
# 実は美味しいゲストたち

足場もよくてお手軽な堤防からの釣りは楽しいものです。
でも、時には毒のある危険なお魚や、な〜んだお前かと**ガッカリして捨てられてしまいがち**なお魚も少なくありません。
**でもちょっと待って。** 実はそのお魚、ちゃんと調理をすれば美味しいですけど。
そんな脇役たちにスポットライトを当ててみました！

# ネンブツダイ

スズキ目スズキ亜目テンジクダイ科。オスが卵を口に咥えて守り、孵化させる様子が念仏を唱えていると言われてこの名前になったとか。エサ釣りでもワームでも勢いよく食ってきて、特に夜に活発に釣れます。

同じようなところで釣れるオオスジイシモチはネンブツダイにそっくりな同じテンジクダイ科の魚。こちらも食べられます！

# ネンブツダイのすだち素麺

ネンブツダイは釣るというよりも釣れちゃうことが多い魚ですが、こんなに美味しい出汁ができちゃうんです！ 脂乗りのいいネンブツダイなら出汁が濁ることがあります。しかも出汁に使ったネンブツダイは揚げたら立派なおかずになりますのでぜひぜひ作ってみてください！

## 《材料 1 人前》

**だし汁**

| | |
|---|---|
| ネンブツダイ | 15 尾 |
| （乾燥すると 60g 程度） | |
| 水 | 1000ml |
| 塩 | 適量 |

**素麺**

| | |
|---|---|
| ネンブツダイの出汁 | 300ml |
| 塩 | ひとつまみ |
| 薄口しょうゆ | 大さじ 1 |
| 素麺 | 1 人前 |
| すだち | 1 個 |
| ネンブツダイの出汁がら | 1 尾 |
| 揚げ油 | 適量 |

## 《手順》

1. ネンブツダイのウロコ、エラ、内臓を取り除く
2. 120℃のオーブンで 2 時間熱する

3. 乾燥してカリカリになれば下ごしらえは終了
4. ここからは出汁の取り方。焼いたネンブツダイを 1 時間以上水に浸す

5. 中火に掛け、沸騰したらアクを取り除く
6. 弱火にして 15 分煮出す
7. ザルで濾して出汁の完成

8. 出汁に塩、薄口醤油、すだち半分の絞り汁を合わせて冷やしておく
9. 出汁に使ったネンブツダイを素揚げにする。160℃の低温で揚げたあと、一旦引き上げ、その後 190℃で揚げると丸ごと食べられる
10. 素麺を茹でて水でしっかりとぬめりを落とす。
11. すだち半分を薄く輪切りにする。
12. 皿に素麺、かぼす、ネンブツダイの素揚げを乗せ、出汁をかけたら完成

# コノシロ

ニシン目ニシン科コノシロ属。コノシロは、成長に応じてシンコ（5㎝以下）、コハダ（7〜10㎝）、ナガズミ、コノシロ（15㎝以上）と名前を変える出世魚です。小さいほど価格が高いという珍しい魚でシンコの初物は高値で取引されます。

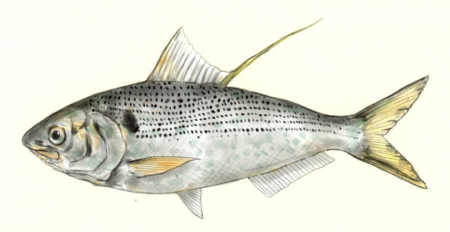

先ほどのコノシロをまな板の上に。立派ですがこのレシピなら美味しくいただけます！

こちらはコノシロに似ているカタボシイワシ。同じくコノシロにそっくりなサッパも酢漬けにして小骨を溶かしてから美味しく食べましょう！

25㎝以上の立派なコノシロ。でも食べるには小さいほうが価値は上なんですよね

# コノシロの酢漬け炙り

コノシロは小骨が気になりますが、酢に漬けておくと小骨が溶けて気にならなくなります。今回はひと晩置いたものを食べたので皮目に包丁を細かく入れて骨を切りました。炙らなくても美味しいので、まずはそのまま食べてから炙りも作ってみてください！

### 《材料 1 人前》

30cm前後のコノシロ 5尾
すだち　　　1個
お好みの酢　　　200ml
（今回はかんたん酢）
塩　　　　　　適量
砂糖　　　　　適量

### 《手順》

1 コノシロは三枚おろしにして腹骨をすき、強めに塩と砂糖を振り冷蔵庫で1時間寝かせる

2 水を張ったボールに氷を入れて冷やし、魚を洗う。洗ったらキッチンペーパーで水気をしっかり拭き取る

3 ジッパー付きのビニール袋に魚、酢を入れ、すだちを輪切りにして一緒に入れる

4 そのまま冷蔵庫でひと晩寝かせる

5 酢を拭き取り、食べやすい大きさに切って皮目を炙って完成。炙らずにそのままでも美味しくいただけるので味変で楽しむのもよし

# ヒイラギ

スズキ目・スズキ亜目・ヒイラギ科。ジンダベラ、ネコマタギ、ゼンメ、ネコナカセなどのあだ名があり、外道とされている。Slimy という英名があるとおり体表が粘液でヌルヌルしている。最大で全長約15cmほど。食道付近に発光細菌を共生させ、腹部を光らせます。

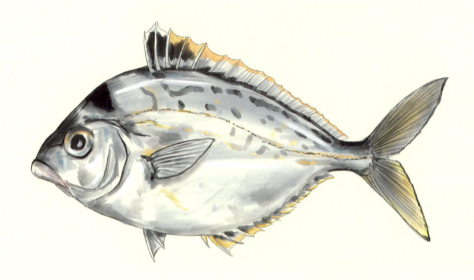

シロギスの投げ釣りなどでは完全に厄介者扱いのヒイラギですが漁師が旨いと太鼓判を押すのですからぜひ一度ご賞味あれ

これはマックス級に大きなヒイラギ

# ヒイラギの丸ごと煮付け

釣りではやっぱり外道扱いされがちなヒイラギ。でも、市場に出るとあっという間に売れるそう！ヒイラギはウロコを取る必要もなく身は上品。この食べ方は漁師の友達から教えてもらいました！　煮た次の日は味が染みてさらに美味しいそうです。ちなみに内臓は苦いので食べないほうがよいです。

《材料 2 人前》

| | |
|---|---|
| ヒイラギ | 5尾 |
| 醤油 | 大さじ2 |
| みりん | 大さじ1 |
| 砂糖 | 大さじ2 |
| 酒 | 大さじ6 |
| 水 | 大さじ6 |
| 生姜チューブ | 1cmくらい |
| 塩 | 適量 |

《手順》

**1** ヒイラギをボールに入れたっぷりの塩を振り、菜箸でかき混ぜて水で洗い流す。何度か行なうと水の汚れがなくなってくる

**2** そのまま煮付けるので内臓側を傷つけずに皮目に切り込みを入れる

**3** フライパンに醤油、みりん、砂糖、酒、水、生姜チューブを入れて沸騰させる

**4** 沸騰したらヒイラギを入れてアルミホイル等で落とし蓋をして中火で5分煮る

**5** 落とし蓋を外して2分ほど煮ると煮汁が減ってくるので好みの濃さになったら完成

スズキ目ベラ亜目ベラ科。日本近海だけで100種類を超えます。イソメやオキアミを堤防や岩礁に落とすとすぐに反応してきますが、口が小さくて硬いのでなかなかハリに掛けるのが難しいです。よく釣れるベラはキュウセン、ササノハベラ、オハグロベラ。沖で釣れるイラもベラの仲間。オスとメス、婚姻等で色が変わるので見分けるのは意外と難しいです。

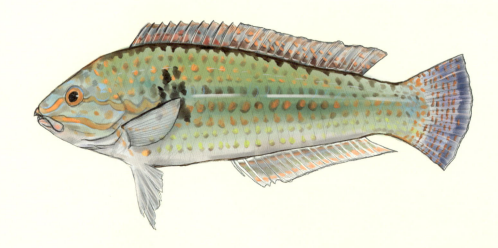

上品な白身のキュウセン。これはメス

同じくキュウセン。こちらはオス

ホシササノハベラもこのレシピで美味しくいただけます！

# ベラの甘酢あんかけ

ベラの仲間のなかでも釣り人におなじみのキュウセンベラやニシキベラ、ホシササノハベラやアカササノハベラなどは実は美味しくいただけます。頭、骨まで丸ごと食べられるようにじっくりと揚げましょう。コツは頭の骨を少し切って砕いておくこと。こうすると油通りがよくなります！

## 《材料 2 人前》

| | |
|---|---|
| 15cm前後のベラ | お好きな分 |
| 片栗粉 | 適量 |
| 揚げ油 | 適量 |
| タマネギ | 1/4 個 |
| ニンジン | 1/4 本 |
| サラダ油 | 小さじ 2 |
| 水 | 70 ml |
| 砂糖 | 大さじ 1 |
| 醤油 | 大さじ 1/2 |
| 酢 | 大さじ 1/2 |
| ケチャップ | 大さじ 1/2 |
| 片栗粉 | 小さじ 1 |

## 《手順》

1. ベラはウロコ、内臓、エラを取り除き、背側から背骨まで三枚におろす時のように切れ込みを入れる。頭の骨に包丁を入れて骨を少し砕いておく

2. まんべんなくベラに片栗粉をまぶす
3. 160℃の低温でじっくりと揚げて少し焦げ色がついたら取り出す
4. 一旦バットに置いて油を切る
5. 油の温度を 190℃の高温にする
6. 濃い焦げ色がつき、油がブクブクとならない状態になったら引き上げる
7. ここから甘酢あん作り。ニンジンは千切り、タマネギは薄切りにする
8. 水、砂糖、醤油、酢、ケチャップを合わせておく
9. フライパンに油をひきニンジン、タマネギがしんなりするまで炒める
10. ⑧で合わせた調味料をフライパンに入れ中火で煮込む
11. 水溶き片栗粉を入れドロっとしたら火を止める
12. 揚げたベラに甘酢あんをかけて完成。お好みでネギを散らせる

# ゴンズイ

ナマズ目ゴンズイ科。体長20cmほどに成長する海のナマズ。体は鱗がなく、粘液で被われていて口元には8本のヒゲがあります。幼魚や稚魚はゴンズイ玉と呼ばれる団子状の群れをなしており漁港やタイドプールで観察できます。背ビレと左右の胸ビレにある毒針は刺さると激痛。タンパク質の毒なので45度以上のお湯に傷を浸すことで緩和できます。

## ヤンニョムゴンズイ

可愛い顔をして毒針が恐ろしいゴンズイですが、味はとても美味！お味噌汁が定番ですが、今回は丸ごと食べちゃいます。甘辛ソースとふわふわな身が相性抜群です！

《材料2人前》

| | |
|---|---|
| 15cm前後のゴンズイ | 3尾 |
| 片栗粉 | 適量 |
| 揚げ油 | 適量 |
| 塩 | 適量 |
| ニンニク | 1欠片 |
| コチュジャン | 大さじ2 |
| ケチャップ | 大さじ2 |
| 砂糖 | 大さじ1 |
| みりん | 大さじ1 |
| ごま油 | 大さじ1 |

《手順》

1 ニンニクはすりおろし、コチュジャン、ケチャップ、砂糖、みりん、ごま油を混ぜ合わせる

ゴンズイは背ビレと胸ビレに毒針があるのでハサミで切り落とし、エラと内臓も取り除く。塩を強めに振ってキッチンペーパーを敷いたバットに乗せて冷蔵庫で寝かせる

3 ゴンズイの塩を軽く洗い流し、水気をよく拭き取る。頭を取らずに三枚おろしにする

4 ゴンズイの三枚おろしの身と頭付きの背骨に片栗粉をまぶす

5 身は180℃の油で大きな泡が消えるまで揚げ、頭は160℃の油で揚げたあと、190℃に油の温度を上げてカリッとなるまで揚げる

6 フライパンに①と揚げた身を入れ、弱火で熱する。馴染んだら完成

# アイゴ

スズキ目・ニザダイ亜目・アイゴ科・アイゴ属。成魚の全長は20～50㎝。海藻を食べる草食魚ゆえ藻場減少の原因の一つとされています。英名はRabbitfishでウサギのような可愛らしい顔を持ちますが全身の毒は触れると強い痛みが数時間続きます。たとえ魚が死んでも毒性が落ちないので安易に触れないように！ 沖縄県の郷土料理のスクガラスはアイゴの稚魚を塩漬けにしたもので琉球王国時代から食べられていた一品として知られます。

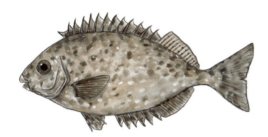

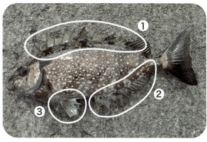

**ヒレの毒トゲに注意**
背ビレ、臀ビレ、腹ビレのトゲには絶対に触れないように！
❶背ビレのトゲ ❷臀ビレのトゲ ❸腹ビレのトゲ

アイゴの仲間である「カーエー（ゴマアイゴ）」は沖縄で人気の釣り対象魚。アイゴの仲間では大型（40～50㎝）になり、引きが強く、食べても美味しい

## アイゴのカレーピカタ

Love Cooking!

アイゴもヒレに毒を持つ危険な魚。でも30cm以上ある型のいいアイゴが釣れたときはヒレをハサミで切り取って安全に持ち帰って美味しく食べてみましょう！

《材料2人前》

| | |
|---|---|
| アイゴ | 1尾 |
| 卵 | 1個 |
| カレー粉 | 小さじ1 |
| 片栗粉 | 大さじ1 |
| 塩・胡椒 | 少々 |
| 油 | 大さじ1 |

《手順》

1 アイゴは三枚におろしして腹骨をすき、上肋骨を抜く。皮を引いて食べやすい大きさに切る
2 卵とカレー粉を混ぜ合わせる
3 アイゴに塩・胡椒をし、片栗粉をまぶす 卵液にくぐらせて、油をひいたフライパンで狐色になるまで焼く。アレンジで粉チーズを卵液に足しても美味しいです

# 第5章
## 釣りと料理の世界がパッと華やぐ船釣り

海は広いな大きいな、そして
とっても深いんです。
釣り船を利用してもっと沖へ
飛び出してみると釣れるお魚
の種類も数も大幅に増
えますからお料理のレパー
トリーもグンと広がります！

## さかな豆知識
sakana mame chishiki

# カワハギ

### 分布
青森県から九州南岸までの日本海・東シナ海・太平洋沿岸、瀬戸内海に分布。

### 大きさ
最大で30cmほどに成長する。

### 釣期
沖釣りではほぼ周年ねらえるが人気が高まるのは圧倒的に冬。堤防や磯では、産卵のために浅場にやってきて、産卵後もしばらくとどまる夏から秋がメインとなる。

| 1 | 2 | 3 | 4 | 5 | 6 | 7 | 8 | 9 | 10 | 11 | 12 |
|---|---|---|---|---|---|---|---|---|----|----|----|

### 棲んでいる場所
水深100m以浅の砂泥底、岩礁域。

別名「毒のないフグ」とも呼ばよさは高級魚のフグに匹敵。し大する肝が美味で、釣りシーズが大きい冬場は人気　が高ま

## カワハギを釣ってみよう

### 仕掛け名

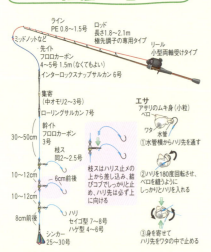

**ワンポイント** 小さなオチョボ口でエサをついばみ、釣り人が気付かないうちにエサを食べてしまうエサ取り名人には、以下の方法で対抗します。シンカーを上下に動かす"誘い釣り"、シンカーは底に付けたまま中オモリを動かす"タタキ釣り"、中オモリの重さで仕掛けをたるませる"タルマセ釣り"、仕掛けを海底に這わせる"ハワセ釣り"。これらのテクニックを駆使してハリ掛かりを目差しましょう。

**エサ・擬似餌** アサリのムキ身

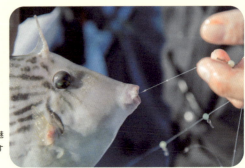

毎年のようにこの魚に魅了される釣り人が続出するほどの魔性の魚です

176

冬の沖釣りでトップクラスの人気を誇るカワハギ。味のよさもありますが、掛けるのが難しく、引きが強いゲーム性の高さも人気の理由です！

# 超人気ターゲットのエサ取り名人　冬場に肥える肝もやはり肝心です！

**カワハギ**
フグ目カワハギ科カワハギ属。名前のとおりザラザラとした丈夫な皮に覆われています。小さなオチョボ口ですが歯が頑丈で貝などの硬いエサも砕くことができます。ヒレを器用に動かし水中で静止しながら捕食できるため、エサ取り名人の異名を持ち、釣りの超人気ターゲットです。

## 生活史

産卵期は5〜8月で、雄は沿岸の砂底にナワバリを形成し、侵入する他の雄と激しく争う。ナワバリには複数の雌を招き入れて産卵させる。卵は径0.6〜0.7mmの粘着卵で、1回に3万粒前後が砂地に産みつけられる。稚幼魚は浅海の藻場や流れ藻などにみられ、成長に伴って深場へと移動する。1歳で10cmを超えて成熟する。

エサを捕食する際は、水を口から砂地に吹きつけ、海底の甲殻類や多毛類などを巻き上げて食べる。

## 特徴

名前のとおりザラザラとした丈夫な皮に覆われていて、調理の際は簡単に皮を剥ぐことができる。

雄は背ビレ第2軟条が糸状に伸長し、尾柄部に多数の剛毛をもつ。体色や斑紋には個体変異が多く、心理状態によっても変化する。また、ヒレを器用に動かして水中で静止しながら捕食できるため、釣り人が気づかないうちにエサをかすめ取る。そのため、エサ取り名人の異名を持つ。

## 主な釣り方

岸からは投げ釣り、ドウヅキ仕掛けのブッコミ釣りでねらう。沖釣りでも3本バリ前後のドウヅキ仕掛けにアサリエサでねらうことが多い。

このおちょぼ口で音もなくエサをかすめ取るエサ取り名人。これは尺もの！

冬になると肝がパンパンに肥大してフォアグラ状態になります

カワハギとの知恵比べに勝利してゲットした良型。喜びもひとしおです

# 師崎沖は仕掛けと替えバリは多めに！

　今回は旬のカワハギをねらって愛知県知多半島の師崎港の石川丸さんへ。この時期のカワハギは肝パンで美味しい個体が多いそうな。

　5時半までに受け付けを済まして船に乗り込みます。平日ですが満員御礼。人気のほどがうかがえます。私も久しぶりのカワハギにワクワク！

　タックルはカワハギ専用ロッドに150番台のカウンター付き両軸リール。ミチイトはPE1号。先イトは太めの24Lb（7号弱）にしました。オモリは30号で統一です。

　師崎沖のポイントまでは港から20分ほど。海底は漁礁で根がかなりきついよう。深さがコロコロと変わり、仕掛けをストンっと落とすと岩礁の溝に落ちて根掛かりしたり、仕掛けを切ってしまうことも。とにかく仕掛けとオモリは多めに持参することをおすすめします。また、替えバリも30本以上のご用意を。

　船長のアナウンスとともに一斉に仕掛けを投入。水深は水深10m前後。すぐにオモリが着底し、ゴツゴツとした感覚が伝わってきます。

　と、小気味よいアタリをバシっと合わせたら、なんと最初のヒットはコモンフグ！　周りのお客さんを見渡すとカットウをしている方もチラホラ。大きなアオヤギを付け、フグやカワハギをカットウバリに引っ掛けて釣ります。石川丸ではカワハギ仕掛け、カットウのどちらもOKで、船長がフグ調理師免許をもっているので皆さん生簀の中にキープされています。

　しばらくエサを取られ続け、必死にアタリを取っていると……フグとは異なる激しいアタリ！　これは……初カワハギ。嬉しい！

　この時期のカワハギは肝が美味

根掛かり多発地帯ですので完成仕掛けのほか替えバリもたくさん用意しましょう

アサリのエサ付けは①ハリを水管から刺す→②ハリをベロに縫い刺しにする→③まとめながらワタに刺す

粒の生アサリで水管、ベロ、ワタが整ったものをしっかり締めてあるのでハリ付けしやすく、エサ持ちも良好。冷凍ですので事前に購入して保存できるのも便利

ファーストヒットはコモンフグ。普段なら困ったゲストですが、石川丸さんならフグ調理師免許のある船長が捌いてくれるのでお土産になります

怒涛の6連発！ サイズもでっかい！

魚が元気なうちに血抜き行ないましょう。血抜きをしたらクーラーに海水氷を張りしっかり冷やして持ち帰りましょう

やっと来ました！ 後輩でアテンド役のウルシーもホッとしています

持った瞬間、肝がパンパンとわかります

終わってみれば中型主体に大型まじりでこの釣果！

場所替えした深場はさらにエサ取りと根掛かりが多くて大苦戦

中オモリをセットして誘いの方法を変えた途端、本命のアタリが倍増！

その隣にいたカメラマン役のぶんちゃん（愛旦那）もしっかり釣っていました

しいので真っ白のままの肝を持ち帰りたいものです。今回は簡単にハサミで血抜きをします。カワハギはエラ蓋が狭いので、小さめのハサミを用意しておくと便利ですよ。ハサミで切ったら5分ほど生簀で血を抜きます。5分経過したら氷を入れたクーラーに海水を張って入れておきます。

お次は20分ほど走って大きく移動します。今度はとにかくベラのアタリが多くすぐにエサを取られてしまいます。ホシササノハベラやキュウセン。美味しい魚ではあるんですが。

その後、仕掛けのサルカンの上に中オモリを付けてみました。中オモリを支点に仕掛けがたるみ、底に張り付いている魚にアピールすることができます。これが功を奏したのか、カワハギをコンスタントにヒット！ 誘い方はゆっくりオモリを着底させ、ふわっとロッドを煽り、また着底させる、これの繰り返し。ふわっと煽った時に同時にアタリが来てフッキングすることが多かったです。フッキングが決まると気持ちいい！

そして今日一の大物！ 25cm以上の大型出ました！ 驚愕するほど引きが強く、バラさないよう慎重に引き上げました。見るからに肝パンです！

3本バリだけど一荷はなし。今回は船長曰く渋い日だったようです。1尾ずつ確実に取っていく日でした。集中力使ったー！ 疲れたけど楽しい釣りでした！

# カワハギの下処理

## 三枚おろしと皮の剥ぎ方

1
口と頭のツノを切る

2
ツノの生えていたすぐ後ろ位から切り込みを入れ、頭と体を持ち半分に割る

3
内臓側に肝があるので傷つけないように取り除く

4
体の皮を剥ぐ

5
三枚おろしにして腹骨をすく。刺身にする際は真ん中にある血合い肉ごと上肋骨を取り除いて背身と腹身に分ける

6
薄皮があるので皮を引く感じで取り除く

## 肝の処理

1 血管に血が溜まっている箇所を楊枝などで突いて取り除く

2
器に入れた肝に沸騰したお湯(少しお酒を入れると臭みが抜ける)をかけて1分以上放置

3
氷水で3分程度締める

4
キッチンペーパーで水分をしっかり取る

5
包丁で叩く。血管が出てくるので取り除く(濾すと確実です!)

## 頭部で出汁を取る

1
皮を剥いだ頭部は一旦沸騰したお湯をかけ、水で残った血等を丁寧に洗い流す

2
水からコトコトと煮込む。沸騰させると白湯スープになります

レシピ01

# カワハギの肝和え

カワハギの釣り人料理の決定版ですが、お刺身の切れはしを残った肝で和えるだけで充分に濃厚な味わいです。

### 《材料 2人前》

| | |
|---|---|
| カワハギ端切れ刺身 | 50g |
| 叩いた肝 | 大さじ2 |
| 醤油 | 小さじ1 |
| みりん | 大さじ1 |
| 小ネギ | 適量 |

### 《手順》

1 刺身などを作る際に余った切れ端と肝、醤油、みりんをよく混ぜ合わせる

2 輪切りにした小ネギを合わせて完成

レシピ02

# カワハギの生春巻き

あっという間にできるおしゃれ料理。私の使った生春巻きの皮は20cm角の小さいものなので、よく見かける大きめの皮の場合は具材を増やしてみてください。

《材料 2 人前》

| | |
|---|---|
| カワハギ | 1尾 |
| 生春巻きの皮 | 2枚 |
| キュウリ | 1/4本 |
| ニンジン | 1/4本 |
| 大葉 | 2枚 |
| スイートチリソース | 適量 |

《手順》

1 下処理したカワハギを削ぎ切りにする
2 キュウリ・ニンジンは千切り、大葉は半分に切る
3 生春巻きの皮（ライスペーパー）を濡らしたキッチンペーパーの上に置く
4 生春巻きの皮の上に切り身のカワハギを乗せる
5 大葉、ニンジン、キュウリを乗せる
6 皮の手前を折る
7 皮の両端を折る
8 具材を巻き込みながら生春巻きの皮をくるっと一周巻いて半分に切ってスイートチリソースと盛り付けたら完成

レシピ03

# カワハギと肝の
# カルパッチョポン酢ジュレ添え

カワハギの肝の甘さと爽やかなポン酢で食べるカワハギのお刺身はとても美味！ ポン酢ジュレはこの分量だとかなり余るので焼き魚などにかけても美味しいですよ。

《材料1人前》

| | |
|---|---|
| 20cm以上のカワハギ | 2尾 |
| 叩いた肝 | 大さじ1 |
| 粉ゼラチン | 5g |
| ポン酢 | 大さじ3 |
| 水 | 大さじ2と200ml |
| 小ネギ | 適量 |
| オリーブオイル | 適量 |
| 塩 | 適量 |
| 胡椒 | 適量 |

《手順》

1 最初にポン酢ジュレを作る。水大さじ2に粉ゼラチン5gを入れてふやかす

2 鍋にポン酢大さじ3、水200mlを入れたら火にかけ、ふつふつとしたら①を加えて混ぜ、火を止める

3 容器に移し替え、冷蔵庫に1時間以上入れて固める

4 フォークで掻いて絡みやすくする

5 カワハギを薄造りにしてお皿に盛り付ける
6 軽く塩を振る
7 叩いた肝とポン酢ジュレ大さじ1を乗せる
8 全体にオリーブオイルをかけ回す
9 輪切りにした小ネギ、胡椒をかけて完成

レシピ04

# カワハギの肝と菜の花のクリームパスタ

肝と生クリームは罪深い組み合わせ！　濃厚な旨みを楽しんでください！　パスタはフジッリ以外でも OK です。

《材料 2 人前》

| | |
|---|---|
| カワハギ | 1 尾 |
| 叩いた肝 | 大さじ1 |
| カワハギ出汁 | 50ml |
| 菜の花 | 150g |
| 生クリーム | 200ml |
| バター | 10g |
| オリーブオイル | 大さじ1 |
| 塩・胡椒 | 適量 |
| パスタ（フジッリ） | 140g |

《手順》

1 カワハギの身をひと口大に切る
2 パスタと菜の花を茹でる

3 肝をオリーブオイル、バターでソテーし、カワハギを加えて火を通す

4 生クリームを加え、塩と胡椒、出汁で味を整える
5 フジッリと菜の花をソースと絡めたら完成

レシピ 05

# カワハギの堪能鍋

むき身、団子のほか刺身のしゃぶしゃぶまでカワハギミ味が堪能できます。優しい出汁で煮込んだ野菜と豆腐もほっこりさせます。ポン酢ジュレで食べるのもおすすめ！

## 《材料 2人前》

| | |
|---|---|
| カワハギ出汁 | 500ml |
| カワハギむき身 | 2尾分 |
| 絹豆腐 | 1丁 |
| 水菜 | 2束 |
| ネギ | 1/3本 |
| 塩 | 適量 |
| ポン酢 | 適量 |

### 【カワハギ肝団子】

| | |
|---|---|
| カワハギ身 | 100g |
| カワハギ肝 | 大さじ2 |
| 生姜チューブ | 1cm |
| 卵白 | 1個分 |
| 片栗粉 | 大さじ1 |
| 食塩 | 少々 |

## 《手順》

1. 最初に肝団子を作る。カワハギ1尾分（目安100g）の身をよく包丁で叩いて粗いすり身状にする
2. 叩いた肝大さじ2に片栗粉大さじ1、卵白1個分、生姜チューブ1cm、塩少々を入れて粘りが出るまでよく練り合わせる
3. お団子状に丸め、沸騰したお湯で5分茹でる
4. 鍋に入れるカワハギのむき身は上下の背ビレを取り除いておく
5. 水菜とネギを3cm幅くらいに切る
6. 鍋に出汁、豆腐、カワハギのむき身、水菜、ネギ、カワハギ団子を入れる
7. 中火で煮立たせカワハギに火が入ったら完成。塩で味を調えて完成。刺身のしゃぶしゃぶもどうぞ！

## さかな豆知識
sakana mame chishiki

# マダイ

日本人に最も愛されている魚で見た目にも美しく、食べて美味縁起もよいと、三拍子揃った魚の

### 分布
北海道の全沿岸から九州南岸までの日本海・東シナ海・太平洋沿岸、伊豆諸島、瀬戸内海に分布。

### 大きさ
最大で1m以上に成長する。

### 釣期
ほぼ周年釣ることができるが、3〜6月の春の乗っ込み、9〜11月の秋の落ちの時期が最盛期。

| 1 | 2 | 3 | 4 | 5 | 6 | 7 | 8 | 9 | 10 | 11 | 12 |
|---|---|---|---|---|---|---|---|---|---|---|---|

### 棲んでいる場所
成魚は水深30〜200mの岩礁、砂礫底、砂底に棲む。

### 生活史
産卵期は春〜初夏で、南ほど早い。産卵場は水深25〜100mの起伏の激しい天然礁

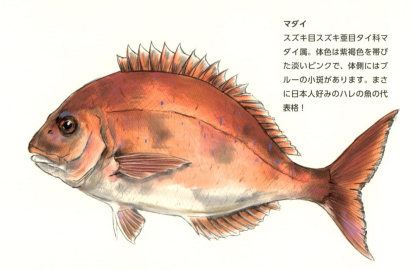

マダイ
スズキ目スズキ亜目タイ科マダイ属。体色は紫褐色を帯びた淡いピンクで、体側にはブルーの小斑があります。まさに日本人好みのハレの魚の代表格！

## マダイを釣ってみよう

### 一つテンヤ

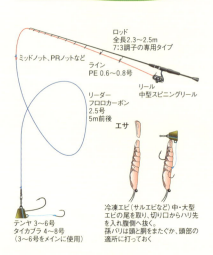

ロッド 全長2.3〜2.5m 7:3調子の専用タイプ
ミッドノット、PRノットなど
ライン PE 0.6〜0.8号
リール 中型スピニングリール
リーダー フロロカーボン 2.5号 5m前後
エサ
冷凍エビ（サルエビなど）中・大型エビの尾を取り、切り口からハリ先を入れ腹側へ抜く。孫バリは頭と胴をまたぐか、頭部の適所に打っておく
テンヤ 3〜6号
タイカブラ 4〜8号
（3〜6号をメインに使用）

**ワンポイント** ロングハリスに軽いオモリ（テンヤ・カブラ）、細めのPEラインとライトなスピニングタックルなので、マダイの小さなアタリもパワーあふれるファイトも存分に味わえちゃいます。シンプルな仕掛けでコマセ釣りに比べて入門者にも挑戦しやすいのでは？

**エサ・擬似餌** サルエビなど。

一つテンヤへのエビの装着法はいくつかあり、親バリを尾羽根の切り口から刺して腹側へ抜くのは共通ですが、孫バリを頭部の上に抜くのか下に抜くのかは船宿によって異なります

威風堂々の顔つき、体つき。釣りのターゲットとしても今も昔も大人気です

しょう。しくて、王様ですね！

マダイは魚食性も強いのでメタルジグでねらうこともできます

で、雌を複数の雄が追尾して放卵・放精し分離浮性卵を産む。2〜3cmの稚魚は初夏に内湾のアマモ場や砂底に現われ、約9cmになる秋冬季に湾外に出て水深50〜60mで越冬し、翌春10数cmになって浅場に戻る。こうした季節移動を3歳まで繰り返し、3〜4歳、全長33〜35cmほどで成熟する。

## 特徴

体色は紫褐色を帯びた淡いピンクで、体側にはブルーの小斑がある。若いうちは不明瞭な4本の横縞があり成長につれ消える。また、尾ビレの後縁が黒く下縁は白いことで、よく似たチダイやキダイと区別できる。

古くから日本人に好まれた最高の魚ゆえに漁獲圧は常に高く、1980年代から放流事業が全国各地で行なわれている。地域によっては近年、釣られるマダイの5割以上が放流魚ということもある。通常は2つある鼻の孔が、繋がって1つになっていれば放流魚の可能性が大。釣り人の放流協力金等への積極的な参画が望まれる。

## 主な釣り方

投げ釣りや磯釣りのターゲットでもあるが、基本的には沖釣りでねらうことが多い。コマセの釣り、テンヤの釣り、タイラバなど多彩な釣法が全国にある。

### タイラバ

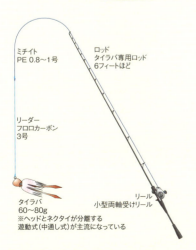

ミチイト
PE 0.8〜1号

ロッド
タイラバ専用ロッド
6フィートほど

リーダー
フロロカーボン
3号

リール
小型両軸受けリール

タイラバ
60〜80g
※ヘッドとネクタイが分離する遊動式（中通し式）が主流になっている

**ワンポイント** タイラバと呼ばれる擬似餌を投入し、着底したら巻き続けるだけで釣れるシンプルな釣りです。着底後はすぐに巻き始めるのがキモ。もたついているとマダイが興味をなくし見切ってしまいます。一定の速度で巻き続けていると、ガツガツっとアタリがありますが、ここで焦って合わせるのは禁物です。巻き続けて下に突っ込んでから合わせましょう。コツはイトの方向を垂直よりも斜めにすることでヒットゾーンで長く誘うことです。

**エサ・擬似餌** タイラバなど。

タイラバが水中で何に見えるのかはマダイに聞かないと分かりませんが、着底させてゆっくり巻くだけでたくさんのアタリがあります

タイラバのヘッドは中通し式が主流。サイズ、色、形状はさまざまですが、斜め45度の角度でゆっくり巻ける重さを目安にしましょう

# 忘れえぬ マダイの思い出

焼津市大井川港の遊漁船に乗ることが多かったのですが、そこにふらりと現われるおじぃちゃんと知り合いになりました（以下おじぃ）。おじぃは元漁師で、暇なときは色々な船に乗って釣りをしていました。ある日、おじぃとたまたま船で乗り合わせ、隣でマダイ釣りをすることがありました。おじぃは地元では鯛釣り名人として名を馳せていたようで、無口であまり笑わない人でしたが、鯛釣りを色々と教えてくれました。

私はマダイ釣りがとても苦手でした。駿河湾のマダイ釣りは10〜15mのとても長いハリスを使うコマセ釣りなのですが、その長い仕掛けの扱いが大変過ぎて好きになれませんでした（それが前ページで一つテンヤとタイラバを推している理由です）。ただ、おじぃが慣れた手付きでマダイを釣っている姿を見て憧れ、練習を繰り返し、段々と楽しさを覚えていきました。マダイ釣りは奥が深く、その時の潮の流れ方でハリやハリスの長さ、ガン玉を打って浮力を調整するなどの工夫で釣果が変わります。

その後、私は静岡を離れました。

おじぃのおかげで今では駿河湾の超ロングハリスのコマセ釣りも大好きになりました！

手軽なだけではなく、アタリが多くてゲーム性も高いタイラバは全国的に大人気です

おじぃとはそれっきりでした。

3年後、静岡県焼津市に移住しました。そこで地域活動として初心者向けの船釣り教室を始めました。船釣り教室をしていたある日、帰港するとおじぃがいました。

おじぃは大病から復帰したそうで、だいぶ痩せていましたが、私と会うやいなや「焼肉行くぞ」と誘ってきます。釣りじゃないのか、とツッコミを入れるのですが、おじぃと時々行く焼肉は楽しいものでした。おじぃは大病が再発してしまい亡くなってしまいました。亡くなる前、何度も私に電話をかけてきて見舞いに来いとせがみました。病室で会えたのは嬉しかったです。あまり感情が分からないおじぃでしたが、一緒にした釣りや食事をおじぃなりに楽しんでくれていたのでしょうか。おじぃから譲って貰った電動リールはまだまだ現役です。おじぃのおかげで楽しくなったマダイ釣り。マダイが釣れる度におじぃとの釣りを思い出すのでした。

金沢にて。イカメタルで釣ったケンサキイカを泳がせて釣った8kgの大ダイ。強い引きで楽しませてもらいました！

一つテンヤはライトタックルに軽い仕掛けなので繊細なアタリが分かり、やり取りも楽しい！

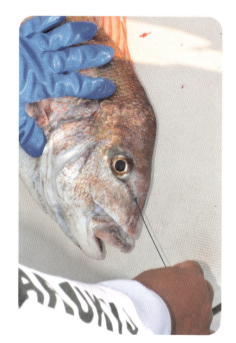

レシピ01

# 炊飯器で鯛めし

タイは焼き目を付けるのがポイント。この一手間でグンっと美味しくなります。あとは炊飯器にお任せ。炊ける時のいい匂いが食欲をそそります。おこげも最高！ごま油が利いて冷めても美味。おにぎりにして釣りへ出かけましょう！

## 《材料 3 人前》

| | |
|---|---|
| 小さめのマダイ | 1尾 |
| 米 | 2合 |
| 水 | 2合の目盛り分 |
| 昆布茶 | 大さじ1 |
| 塩 | 小さじ1 |
| 酒 | 大さじ1 |
| みりん | 大さじ1 |
| 醤油 | 大さじ1 |
| 三つ葉 | 適量 |
| ごま油 | 大さじ1 |

1 マダイはウロコ、エラ、内臓を取り除き、塩を全体に振ってキッチンペーパーの上で10分寝かせる

2 オーブントースターか魚焼きグリルで表面に焼き色がつくまで焼く

3 米を洗ってザルに上げて30分置いておく

4 炊飯器に米、昆布茶、塩、酒、みりん、醤油を入れたら水を2合の目盛りまで加えて混ぜる

5 タイを乗せて米を炊く。炊けたら15分ほど蒸らす

6 フタを開けて、タイの骨を取り除く

7 ごま油を入れてざっくりと混ぜ、お茶碗によそい、三つ葉を乗せたら出来上がり

レシピ02

# マダイのプッタネスカ

プッタネスカとはイタリア語で娼婦という意味(忙しい合間に身近な食材でパパっと作れるとか、刺激的な魅力があるからなど諸説あり)。私もイタリア料理屋でバイトしていた時にまかないでよく食べていました。その時はパスタでしたが。

## 《材料 2 人前》

| | |
|---|---|
| 40cm前後のマダイ | 半身 |
| ブラックオリーブ（6個ほど） | 20 g |
| ニンニク | 1 欠片 |
| アンチョビ（フィレ） | 2 枚 |
| 唐辛子 | 1 本 |
| ケッパー | 10 g |
| イタリアンパセリ | 3 束 |
| ホールトマト | 1/2 缶 |
| オリーブオイル | 大さじ2 |
| 塩・胡椒 | 適量 |

## 《手順》

1 マダイはウロコ、内臓、エラを取り除き、三枚おろしにする。腹骨をすいたら食べやすい大きさに切る
2 ニンニク、イタリアンパセリ、アンチョビはみじん切り、ブラックオリーブは薄切り、唐辛子は種を抜いておく
3 フライパンにオリーブオイル、ニンニク、イタリアンパセリ、唐辛子をゆっくり熱して香りを出す。
4 アンチョビ、ケッパー、ブラックオリーブも加える
5 ホールトマトを加えて潰しながら一煮立ちさせる
6 塩・胡椒で味を整える
7 ソースが出来たら一度火から上げて、マダイをオリーブオイルで皮目からカリッと焼く
8 お皿にソースをかけて上にマダイを盛り付けて完成

レシピ 03

# マダイの味噌漬けの手毬寿司

味噌はこうじ味噌と赤味噌の2種類を使いました。赤味噌のほうがしっかりと味がつきますがお好みの味噌をお使いください。ラップでくるっと丸めるだけなのでお子さんと一緒に作るのも楽しい！

《材料2人前》

(8個分)
| | |
|---|---|
| マダイ | 半身 |
| 味噌 | 大さじ2 |
| みりん | 大さじ2 |
| 砂糖 | 小さじ1 |
| 大葉 | 4枚 |
| 小ねぎ | 適量 |

【酢飯】
| | |
|---|---|
| ご飯 | 300 g |
| 酢 | 大さじ2.5 |
| 砂糖 | 大さじ1 |
| 塩 | 適量 |

《手順》

1 マダイは三枚おろしにして、雄節と雌節に分けて骨を取り除いておく
2 マダイに塩を振って少し置いたらペーパーで水気を拭き取る
3 味噌、みりん、砂糖を混ぜる

4 ③をマダイに塗り、キッチンペーパーで包む

5 ④をラップで包んで冷蔵庫で1晩寝かせる

6 表面の味噌を水でサッと流して水気を拭き取り、刺身くらいの厚さにスライスする

切り身から水分がたくさん出ている　　今回は2種類の味噌を使用。上はこうじ味噌、下は赤味噌

7 温かいご飯と酢、砂糖、塩を合わせて酢飯を作る
8 酢飯は8等分にする。
9 ラップを広げ、タイ、半分に切った大葉、寿司飯の順に乗せ、包んで丸める

10 ラップを外し、刻んだ小ネギを散らしたら完成

レシピ 04

# マダイの和風クリーム

濃厚な生クリームと醤油の香ばしさがマダイの美味しさを引き立てます。パスタも合いますが意外とご飯にかけて食べるのが美味しい！

## 《材料 2 人前》

| | |
|---|---|
| 40cm前後のマダイ | 半身 |
| 小麦粉 | 適量 |
| タマネギ | 1/4 個 |
| 大葉 | 3 枚 |
| 醤油 | 小さじ1 |
| 生クリーム | 大さじ3 |
| オリーブオイル | 大さじ1/2 |
| 塩 | 適量 |
| 胡椒 | 適量 |

## 《手順》

1 マダイは三枚おろしにして中骨を抜き、一口大に切り、小麦粉をまぶす
2 フライパンにオリーブオイルを熱してマダイを焼く。両面焼けたら皿に移しておく
3 マダイを焼いたフライパンでタマネギを炒める

4 タマネギが透明になったら醤油とクリームを加えて少し煮詰めて水分を飛ばす

5 マダイをフライパンに戻してソースと絡める
6 千切りにした大葉を乗せたら完成

## さかな豆知識
sakana mame chishiki

# アマダイ

### 分布
青森県から九州西岸の日本海・東シナ海、千葉県から九州南岸の太平洋、瀬戸内海に分布。

### 大きさ
25～40cm前後、最大約60cm。

### 釣期
9月～翌5月で、ベストシーズンは晩秋から冬にかけて。

| 1 | 2 | 3 | 4 | 5 | 6 | 7 | 8 | 9 | 10 | 11 | 12 |
|---|---|---|---|---|---|---|---|---|---|---|---|

### 棲んでいる場所
水深30～150mの砂泥底を好む。

京料理を代表する美味食材がです。なかでも最高峰といわれマダイが、近年は関東沿岸でもますので、ぜひ食べ比べてくだ

アマダイ
スズキ目スズキ亜目アマダイ科アマダイ属。日本近海には5種が生息し、そのうち、釣りの対象になっているのがアカアマダイ、シロアマダイ、キアマダイです。

## ＼アマダイを釣ってみよう／

### 沖釣り

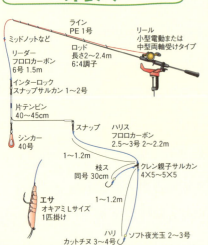

ライン PE1号
ミッドノットなど
リール 小型電動または中型両軸受けタイプ
ロッド 長さ2～2.4m　6:4調子
リーダー フロロカーボン 6号1.5m
インターロックスナップサルカン 1～2号
片テンビン 40～45cm
シンカー 40号
スナップ
ハリス フロロカーボン 2.5～3号 2～2.2m
枝ス 同号 30cm
1～1.2m
クレン親子サルカン 4×5～5×5
1～1.2m
エサ オキアミLサイズ 1匹掛け
ハリ カットヒネ 3～4号
ソフト夜光玉 2～3号

**ワンポイント** 水深30～150mの砂泥底で、体を斜め下にした状態で海底のゴカイなどや甲殻類を吸い込むように捕食していますので砂地の海底をしっかり探ります。仕掛けはシンプルで、タックルもライト化が進んでいますのでビギナーでも楽しめる釣りです！

**エサ・擬似餌** オキアミ。

エサのオキアミは水流抵抗を受けて回転するとハリスがよれてしまうので、尾の先端を切ってからハリの軸と水平に刺しましょう

青い海面に赤いアマダイの魚体が浮上してくると胸がときめいてしまいます！

アマダイるシロア増えていさい！

こちらはアカアマダイよりもレアで市場価値も高いシロアマダイ

おとぼけ顔のアカアマダイ

## 生活史

日本に分布するアマダイ科魚類はアマダイ属の5種であるが、釣りの対象魚となるものの大半は本種で、近年はシロアマダイが関東沿岸でも見られるようになってきている。いずれも泥っぽい海底に巣穴を掘って暮らし、甲殻類や多毛類などを食べる。
東シナ海では、1歳で15cmになり、2歳（21cm）で雌雄とも成熟する。以後は雄の成長が雌を上回り、5歳では雄35cm、雌30cm、7歳では雄39cm、雌33cm、最大で雄64cm、雌57cmになる。

## 特徴

体色はピンクから赤褐色。眼の後方に銀白色の三角形の模様があり、体側に黄色い不定形の模様、尾ビレに多数の黄色い縦線が走る。

## 主な釣り方

電動リールを使った片テンビン仕掛けの沖釣りが主流。エサにはオキアミを使う。ホウボウなど多彩な魚種が混じることも多い。

# 駿河湾で釣りをするひとつの目的はシロアマダイ

ユニークで可愛らしい顔のアマダイ。駿河湾では、主に冬の美味しい釣りのターゲットとして有名です。

アマダイは日本に5種生息しており、一般的に知られているのはアカアマダイで流通量も断トツです。しかしながら近年駿河湾ではシロアマダイの釣果がよく聞かれるようになりました。アカアマダイは80m以上の深いポイントに生息していますがシロアマダイは30m程と浅い水深に生息しています。静岡ではオキツダイ、シラカワとも呼ばれています。

アカアマダイと比べて「顔色の悪い」シロアマダイですが、その上品な味と流通の少なさで高級魚とされています。

主催する初心者向け船釣教室の際も、初めて船釣りをするお子さんがシロアマダイを釣るという嬉しいハプニングに何度か遭遇しました。教室ではそれを『至高のビギナーズラック』と命名しています！

アマダイは砂泥質の海底に穴を掘って生活します。エサはオキアミやイカ、イソメなどの雑食性。

釣り方はシンプル。仕掛けを海底まで落としたら1mほど底を切って、付けエサを海底近くに漂わせます。海底は浅くなったり深くなったり変化があるのでこまめに底を取り直すことがポイントで、突然、強烈なアタリでサオが曲がります。主催する初心者船釣り教室でもシロアマダイを釣りあげることが頻繁に起きます。仕掛けはハリス4号3mの1本バリ仕掛けにオキアミを付けるという非常にシンプルなもの。初心者でも上手く扱ってくれます。

私も初めて釣った時はとても焦りました。焦っても電動リールで上げる際はスピードが速すぎるとハリが外れてしまう可能性があるので中速くらいでのんびりとイトを巻いていきます。手で巻く時は一定に焦らず。時おりアマダイが強く引っ張り、巻いているイトが止まることもあります。ドラグが出ても巻き続けます。

お客様には釣って頂いていますが、私は初めてのシロアマダイをやっとの思いで釣りました。

船長と教室の調査で何度か出船したある日、荒れた船の上に並べたサオが同時に2本鋭く曲がりました。強烈なアタリにまじろぎながら、引き上げてくると2本ともシロアマダイが付いていました。いつも『釣れない釣れない』と嘆いていた魚が2尾同時に上がってきて船長と思わず笑ってしまいました。釣りって何が起こるか本当に分からないものです。

海の環境が変わって個体数が増加したのか、はたまた単純に当たり年なのか、真相は海にしか分かりませんが、シロアマダイの『幻』的な美味しさを堪能している私は実に幸せです。駿河湾で釣りをするひとつの目的ともいえるシロアマダイ。皆さまもぜひ挑戦してみてください！

シロアマダイの自己記録2.06kg、52㎝が釣れました！パワフルな引きでドキドキなファイト。上がって来た時は嬉しくてはしゃぎました（笑）

アマダイのポイントには美味しい魚もたくさん生息しており、小さくても美味しいレンコダイ（写真）、カイワリ、イトヨリダイなど五目釣りとしても楽しめます

レシピ 01

# アマダイの松笠揚げ焼き

《材料2人前》

アマダイ　1尾
塩　　　　適量
油　　　　フライパンに
　　　　　1cm浸るくらい
レモン　　1/4

《手順》

1. アマダイはウロコを取らずに三枚におろす。腹骨をすき、上肋骨を抜いて、ひと口大に切り分ける。ただしウロコが密集しすぎていると揚げ焼きにした時に立たないので少し取り除いて間引く
2. 両面に軽く塩を振って15分置き、塩を拭き取る
3. フライパンに油を注ぎ、190℃に熱する。皮側を下にして1分ほど揚げ焼きにする。身側はお好みで焼いてください。（レアでも美味しいです！）

アマダイならではの定番料理が松笠揚げ。ウロコが松ぼっくりのようにきれいに立って見た目に美しいだけではなく食べても美味。少量の油で揚げ焼きにすることで皮や身もさらに旨味がアップしています！

レシピ02

# アマダイのお頭のみぞれ煮

《材料1人前》

| | |
|---|---|
| アマダイのお頭 | 1尾分 |
| 醤油 | 大さじ4 |
| 酒 | 大さじ3 |
| みりん | 大さじ3 |
| 水 | 200ml |
| 大根おろし | 200g分 |
| 小ネギ | 適量 |

《手順》

1 アマダイのお頭を半分に割る。エラや血を取り除く
2 熱湯をかけた後、水でウロコや血などを丁寧に洗い流す
3 大根おろしを作る
4 鍋にアマダイ、醤油、酒、みりん、水を入れ、落とし蓋をして中火で10分煮込む
5 大根おろしを入れ、さっとかき混ぜる
6 小ネギを散らして完成

美味しい高級魚のアマダイですからお頭（かしら）を捨てるなんてもったいない！ むしろ頭や顔の周りのお肉が旨味もあって食感もいいので す。さっぱりのみぞれ煮、骨だけになるまでお箸でつついてください。

レシピ03

# シロアマダイのグリル 黄色いトマトソース

庭で育った黄色いミニトマトを使ったトマトソースとシロアマダイのローストを合わせてみました。シロアマダイはウロコが美味。今回は一度身から皮ごと剥がして別で調理してサクサクに仕上げました！

**5** ミニトマト、塩、胡椒を加えてミニトマトを潰しながら炒める。水分が出てきたら蓋をして弱火で10分ほど煮る。タッパーに入れて保存

## 《材料 1人前》

| | |
|---|---|
| 40cm以上のシロアマダイ | 半身 |
| 黄色ミニトマト | 20個 |
| 赤色ミニトマト | 4個 |
| タマネギ | 1/2個 |
| 塩 | 少々 |
| 胡椒 | 少々 |
| ニンニク | 1かけ |
| 乾燥パセリ | 少々 |
| オリーブオイル | 大さじ2 |

## 《手順》

**【トマトソース作り】**

1 タマネギとニンニクはみじん切りにする
2 ミニトマトはヘタを取り、つまようじで穴を空ける
3 鍋に湯を沸かしミニトマトを入れて30秒ほど茹でたのち水にさらして皮をむく
4 オリーブオイル、ニンニクを入れて中火で熱し、香りが立ってきたらタマネギを加えてしんなりするまで炒める

**【アマダイのグリル】**

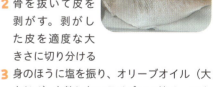

1 シロアマダイをウロコが付いた状態で三枚おろしにする
2 骨を抜いて皮を剥がす。剥がした皮を適度な大きさに切り分ける
3 身のほうに塩を振り、オリーブオイル（大さじ1）を熱したフライパンで焼く。こんがりキツネ狐色になればオッケー。一度取り出しておく
4 皮を油で揚げ焼きにする。油は190℃くらいの高音でサッと調理したほう方がウロコが立つ

## さかな豆知識
sakana mame chishiki

### 分布
新潟県から九州南岸までの日本海・東シナ海沿岸、宮城県から九州南岸までの太平洋沿岸、瀬戸内海、東シナ海大陸棚域に分布。

### 大きさ
最大で50cmほど。

### 釣期
3～12月の内、最盛期は初夏（5～7月）

| 1 | 2 | 3 | 4 | 5 | 6 | 7 | 8 | 9 | 10 | 11 | 12 |
|---|---|---|---|---|---|---|---|---|----|----|----|

### 棲んでいる場所
潮通しのよい岩礁域に棲む。水深数m～100mの高根の周囲に群れる。

# イサキ

イサキに魚偏のついたひと文字の漢字はか「伊佐木」などの当て字があります。び名は「カジヤゴロシ」。イサキの骨は和歌山では「鍛冶屋が骨を喉に詰まらという言い伝えがあるそうです。

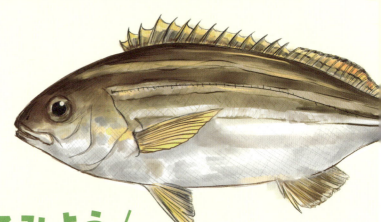

## イサキを釣ってみよう

### 沖釣り

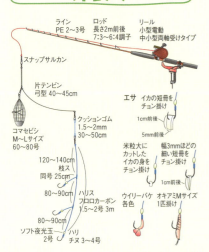

**ワンポイント** 船長の指示ダナに従い、数回に分けて寄せエサを撒きイサキの食いを待ちます。寄せエサと付けエサを同調させるのがコツで、活性が高い時は追い食いも期待できます。

**エサ・擬似餌** オキアミなど。

初夏によく釣れることから「梅雨イサキ」という言葉もあります

沖釣りではテンビン仕掛けを使います。カゴの中に寄せエサのアミを詰め、海中で振ってイサキを寄せます

なく「鶏魚」と
もうひとつの呼
太く硬いので、
せ命を落とした」

## 生活史

産卵期は5〜8月で、径0.78〜0.85mmの分離浮性卵を産む。雌は3歳（23〜25cm）、雄は2歳（18〜19cm）で多くが成熟し、高齢魚ほど雌の割合が高い。寿命は15歳以上。成魚は、日中は海底付近、夜は海面付近を群泳しながら小型の甲殻類や動物性プランクトンを食べる。

## 特徴

幼魚は体に3本の暗褐色の縦縞をもつ。この模様がイノシシの子供に似ていることからウリンボなどと呼ばれるが、この縦縞は成長に伴い不明瞭になる。

## 主な釣り方

磯や堤防からのウキフカセ釣り、カゴ釣り。沖釣りでは寄せエサカゴを付けた片テンビン仕掛けやサビキでねらう。いずれもエサはオキアミが主流。近年はスーパーライトジギングのターゲットとしても注目されている。

**イサキ**
スズキ目スズキ亜目イサキ科イサキ属。成魚の体型はやや前後に細長い紡錘形で側扁します。オリーブがかった褐色の体色がかっこよいです。

近年はスーパーライトジギングのターゲットとしても人気です

梅雨時を中心にした初夏に旬を迎えます！

レシピ 01

# イサキの土佐揚げ

《材料 2 人前》

| | |
|---|---|
| 30cm前後のイサキ | 1 尾 |
| 卵白 | 1 個分 |
| 小麦粉 | 大さじ 2 |
| 鰹節 | 60 g |
| 塩・胡椒 | 適量 |
| 揚げ油 | 適量 |

《手順》

1. イサキは三枚おろしにして腹骨をすき、上肋骨を抜く。食べやすい大きさに切り、塩・胡椒する
2. 卵白は泡立て器でメレンゲを作っておく
3. イサキに小麦粉をまぶす
4. メレンゲをまとわせる
5. 鰹節まんべんなく付ける
6. 170℃の油で狐色になるまで揚げたら出来上がり

鰹節が香ばしくカリカリの食感に！
しっかりと鰹節の旨さが魚の旨みを引き立ててくれるので味付けは塩・胡椒のみで。

レシピ 02

# イサキの生ハムカナッペ

塩気でイサキの凝縮した甘さが引き立ちます。さっとできる前菜としてぜひ作ってみてください！

《材料 1 人前》

| | |
|---|---|
| 30cm前後のイサキ | 1尾 |
| ハーブソルト | 適量 |
| （クレイジーソルトのバジルなど） | |
| クリームチーズ | 100 g |
| パセリ | 適量 |
| オリーブオイル | 適量 |
| クラッカー | 15 枚 |

《手順》

1 浸透圧脱水シートを用意

2 イサキはウロコと内臓を取り、三枚おろしにして腹骨をすき、上肋骨を抜き、皮を引く

3 塩水で洗い、キッチンペーパーで水気を拭き取る

4 浸透圧脱水シートの上で両面に満遍なくハーブソルトを塗してシートを被せて冷蔵庫で寝かせる

5 1、2 日寝かせて水分の抜け具合をみる。ちょっと表面が硬いくらいがベスト

6 薄く切り、クリームチーズを塗ったクラッカーに乗せ、オリーブオイルを塗して完成！

# さかな豆知識
sakana mame chishiki

## サワラ

夏の人気者のイメージですが秋かんどん成長して釣り応えも食応えき、1年の半分は釣りが楽しめま

### 分布
北海道南部から九州南岸までの日本海・東シナ海・太平洋沿岸、瀬戸内海、東シナ海大陸棚域に分布。

### 大きさ
最大で1.2mに達する。

### 釣期
周年釣れる。高水温期は内湾域、低水温期は内湾から外洋につながる水道域や外洋が釣り場になる。

| 1 | 2 | 3 | 4 | 5 | 6 | 7 | 8 | 9 | 10 | 11 | 12 |
|---|---|---|---|---|---|---|---|---|----|----|----|

### 棲んでいる場所
沿岸の表層を広く遊泳する。

### 生活史
産卵期は5～7月で、瀬戸内海などの内湾で径1.5～1.9mmの分離浮遊性卵を産む。

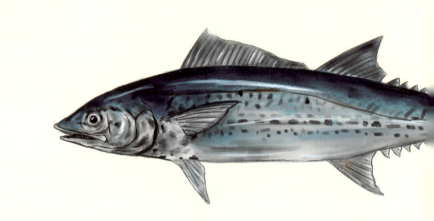

## サワラを釣ってみよう

### ルアーフィッシング

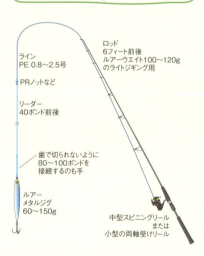

ライン PE 0.8～2.5号
PRノットなど
リーダー 40ポンド前後
歯で切られないように80～100ポンドを接続するのも手
ルアー メタルジグ 60～150g
ロッド 6フィート前後 ルアーウエイト100～120gのライトジギング用
中型スピニングリールまたは小型の両軸受けリール

**ワンポイント** 青物特有の強い引きを見せる、ソルトルアーの好敵手です。表層に多いことからトップウォーターの釣りも楽しいですが、表層からボトムまでどこでヒットするかわからないことから、乗合船ではブレードジグなどで全層を素早く探る釣り方が流行しています。

**エサ・擬似餌** ルアー（メタルジグ、ブレードジグ、ミノーなど）。

いろいろなルアーに反応しますが、表層からボトムまでスピーディーに探れるブレードジグの実績が高いです

ら冬までど
も増してい
す！

虹をバックに大物ゲット！

サワラ
スズキ目サバ亜目サバ科サワラ属。鋭い歯をもつ強面の回遊魚です。走る、跳ねる、暴れる。その暴力的なファイトは一度味わったらヤミツキです

仔稚魚期から強い魚食性をもち、魚類の仔稚魚や小型甲殻類を食べる。幼魚・未成魚はエサが豊富な内湾で晩秋まで過ごし、水温の低下に伴って暖かい水道域や外海に出る。成長は速く、1歳で約50㎝、2歳で70㎝、3歳で80㎝前後に達する。

## 特徴

サワラ属魚類は日本近海から5種が知られており、いずれも体はよく側扁して細長く、沿岸性が強く、極めて鋭い歯をもつ。本種は体高が非常に低いこと、体側に多くの暗色斑があること、第1背ビレが19〜21棘であることで他の4種から区別できる。

## 主な釣り方

以前は西日本に多かったが、近年の温暖化傾向を反映してか釣り場が拡大し、関東・東北エリアでも沖のルアー釣りのターゲットとして定着している。プラグのほかブレードジグへの反応がよい。

50㎝程度までの若魚はサゴシと呼ばれ、湾内の岸釣りでもねらえます

歯が鋭いのでラインブレイクしやすく、また、フックを外す際にも細心の注意が必要です

次ページからのレシピページには入れていませんが、釣りたてなら炙り刺身（焼き霜造り）が絶品！三枚におろしたら血合骨を残して上下に切り分け、網の上に乗せてバーナーなどで皮目と身を強火で手早く炙ってから刺身にしましょう

205

## レシピ01 冷凍OK！6種のサワラ漬け焼き

足が早いサワラですが漬けにすることで旨味が熟成して保存も利くようになります。サワラの漬けといえば西京漬けですが、それ以外にもこんなにたくさんの漬け焼きが楽しめます！

### 《材料1人前》

**【みりん漬け】**
| | |
|---|---|
| サワラ | 切り身2切 |
| 酒 | 大さじ3 |
| 醤油 | 大さじ2 |
| みりん | 大さじ2 |

**【塩麹漬け】**
| | |
|---|---|
| サワラ | 切り身2切 |
| 塩麹 | 大さじ2 |
| みりん | 大さじ1 |

**【イタリアン漬け】**
| | |
|---|---|
| サワラ | 切り身2切 |
| オリーブオイル | 大さじ2 |
| ハーブ塩 | 適量 |

**【西京漬け】**
| | |
|---|---|
| サワラ | 切り身2切 |
| 西京味噌 | 大さじ2 |
| みりん | 大さじ1/2 |
| 料理酒 | 大さじ1 |

**【タンドリー風漬け】**
| | |
|---|---|
| サワラ | 切り身2切 |
| プレーンヨーグルト | 大さじ2 |
| ガラムマサラ | 小さじ1 |
| おろしニンニク | チューブなら2cm |
| 塩・黒胡椒 | 少々 |

**【赤味噌漬け】**
| | |
|---|---|
| サワラ | 切り身2切 |
| 赤味噌 | 大さじ2 |
| 砂糖 | 大さじ3 |
| みりん | 大さじ2 |
| 料理酒 | 大さじ1 |

### 《手順》

1. サワラは三枚におろしたら食べやすい大きさに切り分ける。塩を振って10分ほど置き、水気をキッチンペーパーで拭き取る
2. ボウルに魚以外の材料を入れて混ぜ合わせる
3. ラップに②の半量を入れて広げて①を並べ、残りの②を塗る。ただし水気が多いみりん漬けとイタリアンはジップ付きビニール袋に入れて漬ける

4. 冷蔵庫で8時間ほど置く
5. サワラを取り出し、和えたソースをスプーンなどで取り除く
6. フライパンにクッキングシートを引き弱火で熱し、5分程度ずつ両面を焼く。器に盛り付けて出来上がり

みりん漬け

イタリアン漬け

タンドリー風漬け

塩麹漬け

西京漬け

赤味噌漬け

レシピ02

# サワラのグリル タマネギソース

コルトゥーラはカタクチイワシを塩漬けにして熟成させて抽出したイタリアの魚醤。旨味がギュッと凝縮されたパンチのあるエキスがサワラとタマネギをさらに美味しくしてくれます！

《材料 2人前》

| | |
|---|---|
| サワラ | 2切 |
| タマネギ | 半分 |
| コルトゥーラ | 適量 |
| 醤油 | 大さじ1 |
| オリーブオイル | 大さじ1 |
| 塩胡椒 | 適量 |

《手順》

1. サワラは三枚おろしにし、皮に切れ込みを入れる
2. サワラに塩胡椒をし、オリーブオイルを引いたフライパン、もしくは魚焼きグリルで焼く
3. フライパンにオリーブオイル、刻んだタマネギを飴色直前くらいまで炒めてコルトゥーラ、醤油で味を整える
4. 焼き上がったサワラにタマネギソースをかけて完成

## さかな豆知識
sakana mame chishiki

# ブリ

### 分布
主に北海道から九州南岸までの日本海・東シナ海・太平洋沿岸、瀬戸内海、屋久島に分布し、小笠原諸島、琉球列島に散発的に分布する。

### 大きさ
20cm前後（ワカシ）、30〜40cm（イナダ）、50〜60cm（ワラサ）、最大で1m以上になる。

### 釣期
沖釣りでは秋から冬にかけて最盛期。岸からねらう場合は地方によって接岸する時期に差がある。

| 1 | 2 | 3 | 4 | 5 | 6 | 7 | 8 | 9 | 10 | 11 | 12 |
|---|---|---|---|---|---|---|---|---|---|---|---|

### 棲んでいる場所
沿岸からやや沖合の中〜底層。

代表的な出世魚。関東では小さいイナダ→ワラサ→ブリで、関西では→メジロ→ブリです。九州ではワラもヤズと読んでいます。最近は北海ます。

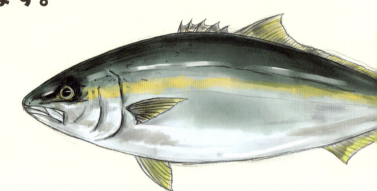

## ブリを釣ってみよう

### コマセ釣り

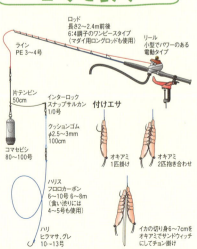

**ワンポイント** イラストはワラサねらいの一般的な沖釣り仕掛けです。ハリス10号はワラサのサイズが5kg以上と大きい場合やサメが回遊している時など素早く魚をあげたい時に使います。船長の指示ダナを正確に守り、コマセワークのあとは置きザオでアタリを待ちましょう。

**エサ・擬似餌** オキアミ。

寄せエサをコマセカゴに入れる際は、詰めすぎると出にくくなるので八分目が基本

順にワカシ→ツバス→ハマチ…サに近いサイズ…道でも増えてい…

ブリ
スズキ目スズキ亜目アジ科ブリ属。日本を代表する青物がブリです。日本中どこでも人気の食用魚で

### 生活史
産卵期は2～7月で、南ほど早い。ふ化から15mmまでの仔魚は浮遊生活をし、稚魚（モジャコ）になると表層で流れ藻などについて成長する。1歳で40cm前後、2歳で60cm、3歳で70cmを超え、2歳で成熟する。春から夏にはエサを求めて北上し、秋から冬には越冬または産卵のために南下する。

### 特徴
体は細長い紡錘型で、背中は青緑色。眼から尾ビレにかけて黄色縦帯が走る。稚魚は動物プランクトンなどを食べ、成長に伴って主に小魚やイカ類を食べる。モジャコを採捕してイケスの中で育てる養殖が各地で盛んに行なわれている。

### 主な釣り方
岸から手軽にねらえるのはワカシ～イナダが多く、まれにワラサクラスも釣れる。カゴ釣りや泳がせ釣り、ルアー釣り、弓ヅノなど。沖釣りではコマセ釣り、サビキ仕掛けに掛かったアジやサバをそのままエサにする落とし込み釣り、ルアーはジギングもキャスティングも人気。

**ワンポイント** 落とし込み釣りはドウヅキ（サビキ）仕掛けを使い、まずはエサになるサバやアジが掛かったら、そのまま海底付近や船長の指示ダナまで仕掛けをおろして待っているとハリに掛かったアジやサバにブリなどの大型魚が食ってきます。サバやアジが暴れるのはフィッシュイーターであるブリなどが寄っている前触れ！
**エサ・擬似餌** アジ、サバ、イワシなど。

## 落とし込み釣り

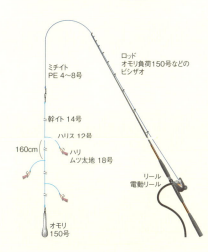

落とし込み釣り専用のサビキ仕掛け

丸々と太った砲弾のような体型

## レシピ01

# ブリアラで作るブリフレーク

とにかくご飯が進みます！アラやカマの部分でできるので余すことなく魚を使う時に便利な調理法です。血合も美味しくいただけますよ。

### 《材料1人前》

| | |
|---|---|
| ブリアラ | 100g |
| サラダ油 | 少々 |
| 酒 | 大さじ2 |
| 醤油 | 大さじ1/2 |
| 砂糖 | 大さじ1 |
| ネギ | 適量 |

### 《手順》

1 ブリアラは湯通しし、水で汚れやウロコを洗い流す
2 フライパンに油をひき、ブリアラを炒める

3 火が通るとほぐしやすくなる。皮や骨などを取り除く。酒を振り入れて、臭みを飛ばす
4 ほぐれたら砂糖、醤油、みじん切りにしたネギを入れ、好みのとろみ加減で火を消す

| レシピ02 |
|---|

# ブリの香味だれ

ブリの脂の旨みを吸ったズッキーニとトマトがたまらなく美味しい!! 酢が入っているのでサッパリと食べられます。

## 《材料 1 人前》

| ブリ | 250 g |
| ズッキーニ | 1/2 本 |
| トマト | 1 個 |
| 長ネギ | 1/3 本 |
| 片栗粉 | 適量 |
| 油 | 大さじ 1/2 |
| 酒 | 小さじ 2 |
| 酢 | 大さじ 1 |
| 醤油 | 大さじ 1 |
| 砂糖 | 大さじ 1 |
| ごま油 | 大さじ 1 |
| 塩 | 適量 |

## 《手順》

**1** ブリは三枚おろしにして腹骨をすき、上肋骨を抜き、食べやすい大きさに切る。塩と酒をかけて臭みを取り、水分を拭き取ってから片栗粉をまぶす

**2** 長ネギはみじん切りにする

**3** 長ネギ、酢、醤油、砂糖、ごま油を合わせる

**4** トマト、ズッキーニは乱切りに

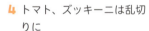

**5** フライパンに油を引きブリを焼く

**6** ブリが焼けてきたらズッキーニを加えてキツネ色になるまで焼く

**7** トマトを加えさっと炒め、③をサッと絡めたら完成

## さかな豆知識
sakana mame chishiki

# マグロ (キハダ

**分布**
日本近海を広く回遊するが、どちらも日本海では稀。

**大きさ**
キハダは最大2mを超す。ビンナガの多くは1mまでのものが流通しているが最大で140cmに達する。

**釣期**
キハダは回遊魚のため地域や年によって異なる。琉球列島や小笠原諸島ではほぼ周年、九州以北では夏から秋が釣期。ビンナガは11〜4月で最盛期は2〜3月。2月は10kg未満の数釣り、3月以降は20kgクラスも登場する。

| 1 | 2 | 3 | 4 | 5 | 6 | 7 | 8 | 9 | 10 | 11 | 12 |
|---|---|---|---|---|---|---|---|---|---|---|---|
|   |   | ■ | ■ |   |   |   |   | ■ | ■ |   |   |

クロマグロは究極のターゲットとしてが、そのほかにも美味しくて、もう少れば自身で釣ったマグロ、たとえばキに舌鼓を打つことも可能です！

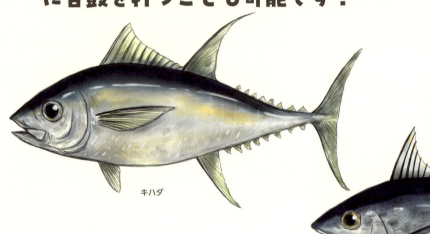
キハダ

## マグロを釣ってみよう

### コマセ釣り

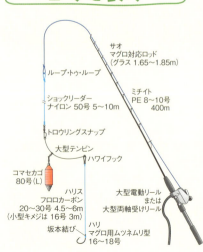

サオ　マグロ対応ロッド（グラス 1.65〜1.85m）
ループ・トゥ・ループ
ショックリーダー　ナイロン 50号 5〜10m
ミチイト　PE 8〜10号 400m
トロウリングスナップ
大型テンビン
ハワイフック
コマセカゴ 80号(L)
ハリス　フロロカーボン 20〜30号 4.5〜6m（小型キメジは16号 3m）
大型電動リール　または　大型両軸受けリール
坂本結び
ハリ　マグロ用ムツネムリ型 16〜18号

**ワンポイント**　基本的にキハダねらいの釣り方ですがタックルはコマセダイの延長線上にあります。船長の指示ダナに合わせて仕掛けを投入し、ロッドをシャクって寄せエサを出しアタリを待ちます。一度のシャクリでどの程度寄せエサを出すかもポイントです。

**エサ・擬似餌** オキアミ。

近年、毎年のようにキハダの回遊で賑わうようになった相模灘には大船団ができるほどの人気ぶり！

キハダねらいの電動タックルはマダイねらいの延長線上にありますが、すべてにおいてパワーが違います！

キハダがヒットしたら乗り合わせた全員が仕掛けを回収してオマツリをしないようにして掛けた釣り人を応援します

## ・ビンナガ）

憧れの存在です
し手軽で、頑張
ハダやビンナガ

キハダ・ビンナガ
ともにスズキ目サバ亜目サバ科マグロ属。一般的にはキハダマグロ、ビンチョウマグロと呼ばれています。どちらも近年、関東近海で存在感が増しており、キハダは毎年回遊してくる定番ターゲットに。ビンチョウもトンジギという釣りが人気です。

ビンナガ

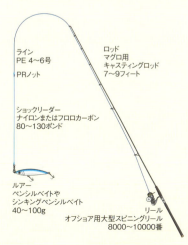

ルアーフィッシング

ライン
PE 4〜6号
PRノット

ロッド
マグロ用
キャスティングロッド
7〜9フィート

ショックリーダー
ナイロンまたはフロロカーボン
80〜130ポンド

ルアー
ペンシルベイトや
シンキングペンシルベイト
40〜100g

リール
オフショア用大型スピニングリール
8000〜10000番

その名のとおり鮮やかな黄色味が浮かんだ釣りたてのキハダは美しい

### 生活史
外洋の表層を広く回遊する。釣りでねらうのは水深300mのタナ150mなどの中層。

### 棲んでいる場所
キハダは熱帯性のマグロで、水温18〜31℃の海域に分布する。熱帯・亜熱帯域で広く産卵し、産卵期は赤道域では周年、西部太平洋では4〜7月で南方ほど早い。日本沿岸では産卵後の個体が夏から秋にかけて北上し、冬に南下する季節回遊がみられる。流木や漂流物につく習性が強く、パヤオ（浮き魚礁）にもよく集まる。ビンナガの好む水温は16〜20℃で、キハダ・メバチより低温、クロマグロ・ミナミマグロより高温を好む。赤道から緯度10度以内では水面近くを避け、中層に生息する。また、大型個体も水温14〜25℃ほどの中層を好む。

### 特徴
キハダの体型は紡錘形でやや細長く、体側に黄色い部分がある。胸ビレは長く、その先端は第2背ビレの下に達する。第2背ビレと臀ビレは黄色く、成長に伴って鎌状に長く伸びる。小離鰭も明瞭に黄色い。若魚の体側下部には小白斑が列をなして並ぶ。
ビンナガはさらに胸ビレが長く、長い鬚（＝もみあげ）のように見えることからビンナガという名前になった。また、西日本ではトンボの名で呼ばれる。身は薄いピンク色で柔らかく、刺し身としては高価ではないが、脂の乗った身は「ビントロ」という名で売られ、安価なトロとして回転寿司などで人気がある。一方、ツナ缶材料としては最高級で、「ホワイトツナ」として流通している。

### 主な釣り方
キハダの若魚は、カツオとの両ねらいの乗合船で、活イワシエサの泳がせや一本釣り、ルアーで釣れる。成魚の釣り方はオキアミエサのコマセ釣りとルアー釣りに大別され、それぞれに釣技が年々進歩してキャッチ率が上がっている。ビンナガはトンボジギング、略してトンジギが人気。

**ワンポイント** イラストはキハダねらいのキャスティング。ロッドの長さは自分の体力や力量に合わせて選びましょう。ルアーはペンシルベイトが主体。フローティングとダイビングタイプを用意しましょう。トンジギの場合はベイトタックルが主流です。適応ジグウエイト350〜400gのジギングロッド、リーダーは50〜80ポンド、ジグは200〜400gを使います。

**エサ・擬似餌** ダイビングペンシル、メタルジグなど。

キャスティングではペンシルベイトやダイビングペンシルを使います

各ヒレが鮮やかな黄色のキハダマグロ。これが首都圏から近い海で釣れるようになりました

伊豆大島沖でキャッチした25kgのキハダマグロ！

# 泳がせとジギングでマグロ！

Love Fishing!

### キハダの思い出

伊豆大島沖。佐島漁港から3時間ほど走り到着しました。釣り方はライブベイト（マイワシ泳がせ）釣り。20cmほどのマイワシは船長が事前に生簀に入れておいてくれたものを使用します。PE5号を300m巻いたリールにリーダーを付け、ヒラマサバリ16号を結んだだけのシンプルな仕掛けです。

活きのいいイワシを上手く泳がせられるかがポイントで、ハリは鼻掛けか背掛けにしてどんどんラインを出してイワシを泳がせていき30m以上出しても食ってこなければ入れ直します。

朝一はカモメが飛び回り、ベイトの黒い影もあり雰囲気抜群！第一投目、15m出したところでラインが止まったと思いきやバタバタと暴れ出し、その次の瞬間にはバーッとラインが出ていきます！そこで慌てて合わせてはいけません。マグロが完全にイワシを食い込むまで10秒ほど待ちます。食ったなと思ったらサオを煽ってアワセを入れます。

ここからキハダとの綱引きが始まります。なかなか上がってこない暴君に余裕と体力を奪われながらも船縁まで引き上げたところでフックアウト……（涙）。

でも、この日の活性は凄かった。カツオも釣れる中、また大きめの魚がヒット！今度はバラさぬよう慎重に、かつ持てるだけの体力を使って引き上げたのは25kgほどのキハダ。元気いっぱいの

地元の遠州灘でも楽しめるトンジギ。
数釣りも可能です！

キハダを釣りあげるのは思ったよりも大変でしたが大満足の一日でした！

### トンジギ

ビンナガマグロ釣りは通称『トンジギ』と呼ばれます。ビンナガマグロ（鬢長鮪）はこの『ビン（鬢）』と例えられる胸ビレが非常に長く、ヒレを広げた様子がトンボに似ているため「トンボマグロ」の愛称があります。そこからトンジギと呼ばれるようになったわけです。

浜名湖から走ること2時間弱、魚群探知機には小魚の反応も出ていい感じのポイントに到着。300gのジグを落としていきます。船長がアナウンスしてくれる層にジグを落として誘い、魚にその存在を知らしめる必要があります。船長が40m付近で反応があると言ったら、潮でルアーが流されていることを配慮してその倍はラインを出して動かしながらルアーを巻き上げていきます。大体まっすぐにジグが落ちることはないのでその角度を見極めてラインを出すのです。するとやっと私にもアタリが！

でも、300gのジグにデカいマグロが食いつくと…ものすごい重さ…。しかもマグロは逃げようと綱引き状態になり、こちらもリールを巻く右腕も竿を支える左腕も乳酸が溜まっていきます。焦る私に「ゆっくりやってー」と船長や周囲の方の掛け声が優しく、これで安心してマグロを釣りあげることができました。

久しぶりにデカめの魚を釣ってもう満足でしたが、再びジグを投入して80mほどラインを出してボーッとしていたらマグロが掛かりました！

まだまだ釣れそうでしたが凪が悪くなってきたので早めに撤収。この日は船中15尾キャッチで6人全員安打と最高の釣行でした。

ビンナガはマグロ類のなかでも小型の種類で比較的手軽にねらえます。マグロ釣ってみたいと始める方にはもってこいです。遠州灘のトンジギシーズンは11〜4月ですが、釣れていればもう少し期間は長くなることも。

レシピ 01

# キハダのタタキ
# お茶ジェノベーゼソース

《材料1人前》

| | |
|---|---|
| キハダマグロ | 1冊 |
| オリーブオイル | 適量 |
| 日本茶の新芽 | 30g |
| オリーブオイル | 35g |
| ニンニク | 1/2欠片 |
| ミックスナッツ | 15g |
| 粉チーズ | 5g |

《手順》

1. マグロは四角い冊にする
2. オリーブオイルを引いたフライパンで全面に焼き色をつける
3. 食べやすい大きさに切り分ける
4. 新芽、オリーブオイル、ニンニク、ミックスナッツ、粉チーズをミキサーに入れてよく混ぜる
5. マグロの上からお茶ジェノベーゼをかけて完成

4月終わりの新茶の季節に摘み取られた茶葉の新芽を使った色鮮やかなジェノベーゼソースがマグロの赤身によく合います。ソースはミキサーにかけるだけなので簡単です！

レシピ 02

# マグロの簡単ツナ

マグロの種類はどちらでもOKです。今回はキハダの筋が多いお腹の部分で作りました。そのまま食べても美味しいですが色んな料理にアレンジ可能です！イチオシはツナマヨおにぎり！

《材料 1 人前》

| | |
|---|---|
| マグロ | 200 g |
| ニンニク | 1 欠片 |
| 塩 | 少々 |
| 胡椒 | 少々 |
| イタリアンパセリ | 1 本 |

《手順》

1 マグロはぶつ切りにして塩をかけて、出てきた水分は拭き取っておく
2 ジップ付きビニール袋にマグロ、切ったニンニクとイタリアンパセリ、塩胡椒をしてマグロが浸かるくらいまでオリーブオイルを注ぐ

3 フライパンにお湯を沸騰させて火を止め、袋に入れたままフタを閉めて15分放置

4 袋から出してほぐす。マヨネーズを加えておにぎりの具としてもおすすめ

レシピ03

# 簡単ツナの デビルドエッグ

《材料 2 人前》

| ゆで卵 | 2個分 |
| --- | --- |
| 簡単ツナ | 15 g |
| エシャロット | 10 g |
| マヨネーズ | 大さじ1 |
| ミニトマト | 1個 |
| ハーブ塩 | 適量 |
| オリーブ | 適量 |
| オリーブオイル | 適量 |
| パセリ | 適量 |

《手順》

1. 卵は固茹でして黄身を取り出す
2. 黄身、ツナ、みじん切りのエシャロット、マヨネーズ、ハーブ塩で味付け
3. 白身に②を戻す
4. オリーブ、トマト、パセリを盛り付け完成

色んな料理にアレンジ可能な簡単ツナは用途がいっぱいの便利な食材。ゆで卵と組み合わせれば卓上がこんなに華やぎます！

レシピ 04

# 簡単ツナのパスタ

簡単ツナを使った簡単パスタです。オリーブオイルは簡単ツナを作った際の油を使用すると風味がよく仕上がります!

《材料 2 人前》

| | |
|---|---|
| 簡単ツナ | 80g |
| オリーブオイル | 大さじ 1 |
| タマネギ | 1/6 個 |
| 赤パプリカ | 1/4 個 |
| 鷹の爪 | 1 本 |
| ニンニク | 1/2 欠片 |
| フスィリ | 100 g |
| (パスタはなんでも OK) | |
| 醤油 | 少々 |
| 塩・胡椒 | 少々 |

《手順》

1. オリーブオイル、鷹の爪、輪切りのニンニクを香りが出るまで熱する
2. 簡単ツナ、薄切りしたタマネギとパプリカを加えてしんなりするまで炒める
3. 茹でたパスタを加えて、醤油、塩・胡椒で味を整える
4. 盛り付けして完成

## さかな豆知識
sakana mame chishiki

# ハタ

### 分布
マハタは北海道から九州南岸までの日本海・東シナ海沿岸、仙台湾から屋久島までの太平洋沿岸、瀬戸内海、伊豆－小笠原諸島、石垣島、東シナ海大陸棚縁辺〜斜面域に分布。

### 大きさ
マハタは最大で1.8mに達する。

### 釣期
周年ねらえるが、9〜12月に釣れることが多い。

| 1 | 2 | 3 | 4 | 5 | 6 | 7 | 8 | 9 | 10 | 11 | 12 |

### 棲んでいる場所
水深300m以浅の岩礁に棲む。

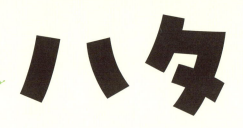

マハタを筆頭に、近年はルアー釣りでキオオモンハタが手軽に釣れる人気のハていきます。いずれのハタ類も成長スすので小さな個体はリリースしましょ

## マハタを釣ってみよう

### 沖釣り

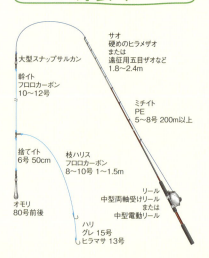

サオ　硬めのヒラメザオまたは遠征用五目ザオなど1.8〜2.4m

大型スナップサルカン

幹イト　フロロカーボン 10〜12号

ミチイト　PE 5〜8号 200m以上

捨てイト 6号 50cm

枝ハリス　フロロカーボン 8〜10号 1〜1.5m

リール　中型両軸受けリールまたは中型電動リール

オモリ 80号前後

ハリ　グレ15号　ヒラマサ13号

**ワンポイント** 船からの大物ねらいの釣りです。根掛かりに気を付けながら、底から1〜3m付近にエサを泳がせてアタリを待ちます。ヒラメや青物など、混じるゲストも高級魚が多いのも魅力です。

**エサ・擬似餌** 活きイワシ。そのほかイカ、ムロアジなど。

キジハタ
ルアーでねらえる人気ハタ御三家の筆頭格

御前崎沖で手にした6.5kgのマハタ。すごい引きでしたが、これでもまだまだ若魚です

ジハタ、アカハタ、タ御三家と言われピードは緩やかでう。

**マハタ**
スズキ目スズキ亜目ハタ科アカハタ属。浅場から深場まで広く生息する日本を代表する高級魚のハタ。老成魚はカンナギと呼ばれ、最大100kgを超すまでに成長します。

## 生活史

マハタの産卵期は3〜5月で、稚魚や幼魚は浅い磯やアマモ場などに現われ、成長に伴って深みに移動する。雌性先熟型の性転換を行ない、雌は体重4kg前後で成熟し、10kgを超えると雄に性転換する。1mを超える老成魚は100mを超える深海に棲み、釣り人からはカンナギと呼ばれ深海の超大もの釣りの憧れのターゲットとなる。

## 特徴

浅場から深場まで広く生息する。体側に幅広い濃褐色横帯をもち、横帯の上には不定形の淡色斑が並ぶことが多い。ただし、大型個体では一様に黒褐色になる。近縁のマハタモドキに似るが、尾ビレの後縁が狭く白色に縁どられることで区別できる。

## 主な釣り方

沖釣りのターゲットで、親孫バリの泳がせドウヅキ仕掛けでねらうのが一般的。ねらう魚の大きさによりヒラメ仕掛けを強くしたものから巨大カンパチとの両ねらいの超強力仕掛けまで多様。エサも活きイワシからイカ、ムロアジまでさまざま。また、メタルジグを用いたジギングや、小型のものは一つテンヤでもねらえる。
ルアー釣りでいえば、キジハタ、アカハタ、オオモンハタなどはもっとライトなタックルでねらえることから人気が高い。

**アカハタ**
ハタ御三家の中では最も根魚らしさのあるザ・ロックフィッシュです

**オオモンハタ**
静岡から千葉にかけての沿岸部で年々増えています。根魚ですが小魚を追って泳ぎ回ります

# ハタは種類豊富で美味しいターゲット！

ブレードをセットしたジグヘッドリグで釣ったアカハタ。このサイズになると根に入ろうとする力がハンパないです！

Love Fishing!

　船から泳がせ釣りやジギングでねらう高級魚。私の思い出は御前崎沖で釣りあげたマハタ。まず泳がせエサ用のアジを釣ります。アジはハゲ皮の付いたサビキでコマセを撒かなくても釣れます。次に泳がせ用のサオと仕掛けをセットし、いざポイントへ。水深は30〜60m。船長はベイトのいるポイントを探っているよう。先ほど釣ったアジを背掛けにし、岩礁帯の脇の砂地に落とします。底まで着いたら根掛かり防止のため3m上げて待ちます。

　最初は暴れていたアジが一旦おとなしくなりますが、魚が近づくなど水中で変化があるとアジが激しく暴れるのがサオ伝いに分かります。そこからサオが勢いよく引き込まれました！

　岩礁に潜られるとハリスが切れてしまうので潜られる前にリールをゴリ巻き。暫くの格闘の末マハタを釣りあげることに成功！ 重さは6.5kg。膝に乗せられるサイズが釣れたのは感激です（前ページの写真の魚です！）。

## アカハタ＆オオモンハタ

　最近は夏以外も静岡東部の堤防や岩礁帯にでも普通にアカハタが釣れるようになりました。

　アカハタは小さい個体でもルアーに勢いよく食いついてくるどう猛なハタです。ルアーが根掛かりしないように岩礁帯を慎重に

探っていきます。

　ロックフィッシュねらいの遊漁船も増えてきて特に伊豆半島の岩礁地帯のポイントが多い地域では人気のターゲットとなっています。

　ジグヘッドリグやジカリグなどにワームをセット。ボートからなら水深は深くても10ｍのところから岸際の浅い方向に向かってルアーを投げ、逆にオカッパリなら深い側に投げます。

　頻繁にルアーチェンジをしながら、黒とグレーのバイカラーのルアーにチェンジして一投目。ロッドがグッと引きずり込まれるような激しいアタリが！魚が一目散に岩礁帯へ潜り込もうとするのを必死に食い止めます。上がってきたのは40㎝ほどのアカハタ！ルビーのような美しい体色と目を引くオレンジのヒレ。筋肉質なフォルムがカッコいい！

　そして最近ではオオモンハタの釣果が多く聞かれるようになりました。砂浜からジグをキャストしても釣れます。

　船からはタイラバで岩礁帯をねらっていると嬉しいゲストとして登場してくれます。以前は東日本では馴染みが薄かったこれらのハタですが、今後はますます盛り上がっていくのではないでしょうか。

オオモンハタは
タイラバの嬉しいゲスト。
喜びが爆発して
いますね（笑）

**ホウセキハタ**
オオモンハタにそっくりですが尾ビレが丸くて先端が白くないので区別がつきます

**ノミノクチ**
伊豆半島では珍しいノミノクチがゴロ浜から釣れました

レシピ 01

# マハタのソテー ブロッコリーソース

上品な脂をまとった白身はソテーが合います。ブロッコリーとニンニクが効いたソースをかければ最高のご馳走に。魚は大型のハタなら同じように作れます。

《材料 2 人前》

**【ソテー】**

| | |
|---|---|
| マハタ | 160 g |
| 小麦粉 | 適量 |
| オリーブオイル | 適量 |
| ニンニク | 一欠片 |

**【ブロッコリーソース】**

| | |
|---|---|
| ブロッコリー | 大 1/4 個 |
| アンチョビ | 1 切 |
| 塩・胡椒 | 少々 |
| オリーブオイル | 大さじ 2 |
| 水 | 大さじ 2 |
| ニンニク | 1/2 欠片 |

《手順》

**【ソテー】**

1. マハタは一口大に切る
2. マハタに・胡椒、小麦粉を振る
3. オリーブオイルにニンニクを半分に切ったものを入れゆっくり火にかけて香りを出す。その後マハタを入れ、キツネ色になるまで焼く

**【ブロッコリーソース】**

1. ブロッコリーとニンニクを細かく刻む
2. アンチョビ、オリーブオイル、ニンニクをゆっくり火にかけて香りを出し、ブロッコリー、コショウ、水を加えて柔らかくなるまで煮込み、水分を軽く飛ばしたら完成。塩気が薄い場合は塩で調整する

レシピ02

# マハタ、ハマグリ、ケールのスパゲッティ

皮目を焼いたマハタと酒蒸しにしたハマグリのハーモニーが絶品！もちろんハタ御三家でも美味しいです。

《材料1人前》

| | |
|---|---|
| マハタ | 100g |
| ハマグリ | 8個 |
| ケール | 2枚 |
| スパゲッティ | 190g |
| オリーブオイル | 適量 |
| ニンニク | 1欠片 |
| 酒 | 大さじ1 |
| 唐辛子 | 1本 |
| バター | 10g |
| 醤油 | 大さじ1 |

《手順》

1. マハタは一口大に切る
2. ハマグリは酒と少量の水で蒸し焼きにする
3. フライパンでオリーブオイル、刻んだニンニク、唐辛子をゆっくり加熱して香りを出す
4. マハタの皮目を焼いたらハマグリ（水気も一緒に）とバターを加える
5. 少量の水、塩胡椒、味が足りなかったらコンソメで味を整える
6. スパゲッティとケールを茹で、ソースに加えて完成

## さかな豆知識
sakana mame chishiki

# オニカサ

### 分布
主に茨城県から九州南岸までの太平洋沿岸に分布し、青森県から九州南岸までの日本海・東シナ海沿岸に散発的に分布。

### 大きさ
釣りでは20～40cmが中心で、最大で約50cmになる。

### 釣期
ほぼ周年。秋から春にかけて最盛期。

| 1 | 2 | 3 | 4 | 5 | 6 | 7 | 8 | 9 | 10 | 11 | 12 |
|---|---|---|---|---|---|---|---|---|----|----|----|

### 棲んでいる場所
水深40mの浅場から600mの砂泥地や砂礫帯に棲む。

オニカサゴは毒のある危険な魚ですが、い魚です。肝醤油に付けて食べる刺身あり最高です。頬肉、カマ、胃袋も美と堪能でき、ヒレ酒も美味。オニカサら釣る魚の筆頭です。

## オニカサゴを釣ってみよう

### 沖釣り

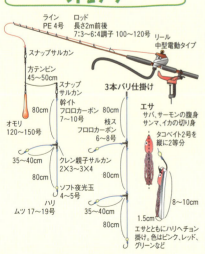

**ワンポイント** ヒレのトゲは鋭く、毒があるため釣ったあとも調理時も注意しましょう。誘い方はシンカーが着底したらすぐにイトフケを取り、50～70cm浮かせた位置をキープしてアタリを待ちます。水圧の変化に対応できるので、最後まで強い引きが楽しめます。

**エサ・擬似餌** サバ、サンマ、イカの切り身。

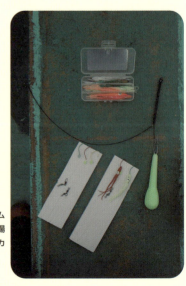

オニカサゴ釣りの仕掛け。アームの長い片テンビン、オモリは深場でのアピールを期待して夜光カラーのものなどを使います

# ゴ

深海から釣りあげられても口からウキブクロが出ることもなく弱りにくいです。暴れた際に毒のあるヒレの棘に刺されないように！

とびきり美味し
は濃厚で甘味も
味しいので丸ご
ゴは食べたいか

オニカサゴ
スズキ目カサゴ亜目フサカサゴ科フサカサゴ属。標準和名はイズカサゴですが一般的にはオニカサゴと呼ばれ、いずれもよく似たフサカサゴやコクチフサカサゴとの混称です。ややこしいのは標準和名のオニカサゴが別に存在することですが、こちらは浅海の岩礁域に生息するので混じって釣れることはありません。

## 生活史

海底に定位し、近くを通りかかる甲殻類や小魚などを待ち伏せして食べる。
卵胎生のカサゴとは違い卵生で、雌がゼラチン質の卵嚢に包まれた卵を産み、雄がそれに放精し受精させる。交尾期は10〜11月と推察されるが、本種の繁殖に関する知見はほとんどない。成長は極めて遅く、10歳でようやく30cmに達すると考えられている。

## 特徴

体色は鮮やかなオレンジ色や朱色で、体表には突起が多い。背ビレの切れ込みが深く、胸ビレは大きく19〜20軟条。注意したいのは、毒を持つヒレのトゲ。魚が死んでからも刺されるとかなり痛むので、取り込む際は要注意。背ビレ以外にもエラ蓋の突起部分や尾ビレにも毒があるので、釣った後はキッチンバサミなどでカットしたい。
水圧の変化に対応できるため、深場で釣っても取り込む直前までかなりのファイトを見せる。

## 主な釣り方

船から電動リールを使い、片テンビンの吹き流し仕掛けでねらう。サバやイカの切り身をエサにして、タコベイトや夜光玉などの装飾をセットする。成長するまでにかなりの年数を要するため、20cm前後の小型はリリースするのが基本である。

エサはサバやイカなど。目立つようにタコベイトをセットするのも効果的！

深場を探るのでリールは電動を使用します

両手にオニ！
これは夜が
楽しみです

背ビレ、第二背ビレ、腹ビレ、臀ビレに強い毒があり、顔やエラの周りにも毒のある棘があるので調理の前にはキッチンバサミですべてカットしておきましょう

# 本命以外にも美味しい ゲストが多いので 深場釣り入門に最適！

　駿河湾のオニカサゴの一級ポイントである石花海。オニカサゴは水深140〜170mの深さで岩場混じりの砂地を好みます。

　手作りの3本バリ仕掛けのハリスは8号、2m。ムツバリ17号。ハリ元にタコベイトや夜光玉を付けて派手にします。水中ライトも効果的です。潮の速さや海の暗さを妄想しながら仕掛けを作るのが楽しい作業です。

　エサは6cm程度の長めに切ったサバやイカタン、ホタルイカ、サンマ、オキアミ、カツオのハラモなど。

　仕掛けに上からサバ、イカ、サバの順でハリに付けて投入。底に着いたら仕掛けの長さ分イトを巻いてアタリを待ちます。深さはコロコロ変わるので頻繁に底を取り直します。

　するとサオ先に小気味よいアタリが！ エサが長いので、しっかり口に入るまで少し待って、魚が掛かったことを確信してから仕掛けを巻き上げます。水深160mから電動リールの中速で巻き上げている途中、魚が抵抗しているのがわかりドキドキします。

　上がってきたのは真っ赤なカッコいいオニカサゴ！ 嬉しくて触ってしまいそうですが、ヒレに毒があるので気をつけなくてはいけません。背ビレ、第二背ビレ、腹ビレ、臀ビレ、顔周りとエラ周りの棘に毒を持っているので、キッチンバサミで切って、血を抜いて持ち帰ります。

　大抵、レンコダイ、ヒシダイ、ユメカサゴなどの美味しいゲストたちも釣れますので楽しいですよ。

レシピ01

# オニカサゴのコトレッタ ケッカソース添え

イタリア料理のコトレッタは日本語のカツレツ。揚げたてホクホクのオニカサゴの白身の甘さと旨さをトマト仕立のケッカソースが引き立てます！

## 《材料1人前》

**【ケッカソース】**

| | |
|---|---|
| トマト | 1個 |
| オリー | 2個 |
| 黄パプリカ | 1/8 |
| オリーブオイル | 大さじ1 |
| 塩胡椒 | 適量 |

**【オニカサゴのコトレッタ】**

| | |
|---|---|
| 30cm前後のオニカサゴ | 1尾 |
| 塩・胡椒 | 適量 |
| 小麦粉 | 適量 |
| パン粉 | 適量 |
| 卵 | 1個 |
| 粉チーズ | 大さじ3 |
| オリーブ油 | 大さじ3 |
| バター | 10g |

## 《手順》

**【ケッカソース】**

1. トマト、オリーブ、パプリカを小さめの角切りにする
2. 角切りにしたものにオリーブオイル・胡椒をして出来上がり

**【コトレッタ】**

1. オニカサゴはウロコを取って三枚おろしにする
2. パン粉と粉チーズを合わせる
3. 魚の身に塩・胡椒を振り、小麦粉、溶き卵、パン粉の順番で衣を付ける
4. フライパンにオリーブオイルを入れ、魚を中火で揚げ焼きにする
5. 余分な油をキッチンペーパーで拭き取り、バターを絡める
6. ケッカソースをかけて完成

## さかな豆知識
sakana mame chishiki

# アカムツ

美味しいおさかなは数々ありま
認める美味魚となると限られて
アカムツは日本海の代表といって

### 分布
青森県から九州南岸までの日本海・東シナ海沿岸、北海道から九州南岸までの太平洋沿岸、東シナ海大陸棚から斜面域に分布。

### 大きさ
平均は30〜40cm、最大で約50cm。

### 釣期
シーズンは夏から冬で、7月から9月が最盛期。

| 1 | 2 | 3 | 4 | 5 | 6 | 7 | 8 | 9 | 10 | 11 | 12 |

### 棲んでいる場所
水深60〜600mの大陸棚から大陸棚斜面域に生息する。

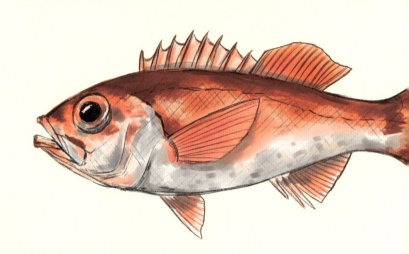

## アカムツを釣ってみよう

### 沖釣り

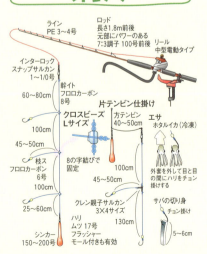

**ワンポイント**
1日1尾釣れればよいとされる貴重な魚。関東と新潟以南の沿岸部に生息し、特に日本海側での密度は高い。あまり活発に行動する魚ではなくエサを一気に飲み込むことは少ないためハリ掛かりが甘いことが多いので、慎重な取り込みが求められます。
このほかスロージギングというルアー釣りも人気が高まっています。シャクリがスローなのではなく、あくまでもスローなフォールで魚に口を使わせます。ジグの重みを完全にロッドに乗せるのか、張らず緩めずか、完全に弛ませるのか、など、ジグの特性を把握したうえで、深場のジグの動きをイメージすることがカギ！

**エサ・擬似餌** ホタルイカ、サバの切り身。ジグなど。

すが、誰もが
きます。
いいでしょう。

アカムツ
スズキ目スズキ亜目ホタルジャコ科アカムツ属。体形はムツに似ていますが、分類上は別の仲間です。日本海方面では「ノドグロ」と呼ばれる美味魚として有名。その名のとおり口の内側が黒いのが特徴です。

## 生活史

小魚やエビ類、オキアミ類を食べる。産卵期は初夏で、水深60m前後の岩礁のカケアガリに集まって分離浮性卵を産む。1歳で10cm、2歳で15cm、3歳で20cmになり、3～4歳で成熟する。雌のほうがやや成長が早く、8歳の雌は35cmに達する。

## 特徴

体形はムツに似るが分類上は遠い。背ビレは1基で、棘条部と軟条部は深く欠刻する。体色は、銀色の腹部以外はヒレを含めて朱紅色。また、ノドグロの別名があるとおり口の中は黒い。

## 主な釣り方

船からドウヅキ仕掛けや片テンビン仕掛けでねらう。エサにはホタルイカやサバの切り身を使い、集魚効果のあるフラッシャーやビニールベイトをセットすることも多い。数釣りは望めない高級魚で本命が1尾でも釣れれば成功と考えていい。

釣れたら誰もがハッピーになる美味しい魚。鮮度のよい刺身が食べられるのは釣り人の特権です！
このサイズのアカムツが釣れたらぜひお刺身でご賞味ください。残りは次ページの調理法をお試しください

水深は100～200mをメインにねらう中深場の釣り。エサ釣りでは電動リールが当たり前ですがスロージギングでは手巻きリールでねらっています

アカムツが釣れるところはクロムツやシロムツ、アラといった高級魚五目釣りになることも。みんな同じ調理法で美味しくいただけます！

レシピ 01

# 炙りアカムツとワサビの花のサラダ

《材料 2人前》

| | |
|---|---|
| 30cm前後のアカムツ | 半身 |
| ワサビの花（太い茎は使わない） | 3本 |
| ミニトマト | 4個 |
| レモン | 1/8個 |
| 塩昆布 | ひとつまみ |
| オリーブオイル | 大1 |
| 胡椒 | 適量 |

《手順》

1. アカムツは三枚おろしにし、腹骨をすき、上肩骨を抜きお刺身ほどの大きさに切る。皮目をバーナーで炙っておく
2. ワサビの花は適度な大きさに切る
3. ミニトマトは半分に切る。レモンは薄く切る
4. 切った材料をボールに入れ、オリーブオイル、塩昆布、胡椒で味を整えて完成

静岡県・伊豆半島名産のワサビですが、春の味覚・ワサビの花（葉ワサビ）は珍しいかもしれません。今回は天城湯ヶ島の滝尻わさび園さんのワサビの花を使いました。炙りアカムツとの組み合わせの妙をご堪能ください。

レシピ 02

# アカムツの潮汁

アカムツの美味しい脂と旨みが溶け込んだ潮汁は心までポカポカになります！

### 《材料 2 人前》

| | |
|---|---|
| アカムツのアラ<br>（頭、背骨、削いだ腹骨） | 2 尾分<br>（約 200g） |
| 水 | 400cc |
| 昆布 | 10×10cm |
| 塩 | 小さじ 1/4 |
| 酒 | 小さじ 1 |
| 薄口醤油 | 小さじ 1/2 |
| ネギ | 適量 |

### 《手順》

1 アカムツのアラは塩をまんべんなく振り、熱湯にくぐらせ霜降りにする。冷水でよく洗い流して、ウロコや血合いを取り除く
2 鍋に水・昆布を入れて弱火にかけ、沸騰直前で昆布を取り出す
3 強火にしてアラを入れ、再び沸騰したら弱火にして、灰汁を取りながら、約 15 分間煮る
4 塩・酒・薄口醤油で味を整え、火を止めたら器に盛り付けしネギを散らして完成

## さかな豆知識
sakana mame chishiki

# アコウダイ

### 分布
青森県から土佐湾までの太平洋沿岸に分布。北海道から島根県隠岐の日本海沿岸にも散発的に分布。

### 大きさ
最大で60cm以上に成長する。

### 釣期
沖釣りではほぼ周年ねらえるが人気が高まるのは旬である冬。

### 棲んでいる場所
水深200～700mの岩礁域。

| 1 | 2 | 3 | 4 | 5 | 6 | 7 | 8 | 9 | 10 | 11 | 12 |

深海釣りの花形人気ターゲットではアコウダイではなく、アコウとかます。道具立ても特殊で慣れも必要験者と一緒に行くか、レンタルタッ船長にすべてをお任せして入門して

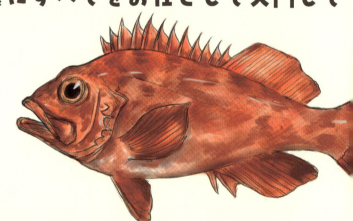

## ＼アコウダイを釣ってみよう／

### 沖釣り

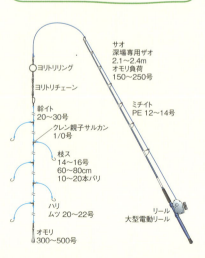

サオ
深場専用ザオ
2.1～2.4m
オモリ負荷
150～250号

ヨリトリリング
ヨリトリチェーン
幹イト 20～30号
ミチイト PE 12～14号
クレン親子サルカン 1/0号
枝ス 14～16号 60～80cm 10～20本バリ
ハリ ムツ 20～22号
リール 大型電動リール
オモリ 300～500号

**ワンポイント** とにかく船長の指示をよく守り、他の同船客に迷惑をかけないように気をつけましょう。とはいえ漁ではなく遊びの釣りですから必要以上に気をつかう必要はありませんが、深海釣りは1日に数流しで終わることも多いので、1流しも無駄にできないためです。

**エサ・擬似餌** イカ、サバ、カツオなどの短冊

水深500m以上の深海をねらうにはこんな巨大な電動リールが必要ですが、船でレンタルも可能です

# イ

す。釣り人から
メヌケと呼ばれ
な釣りだけに経
クルを活用して
みましょう！

釣り上げたとき水圧の変化で眼が飛び出すことから「メヌケ」とも呼ばれるアコウダイ。大変美味な高級魚です

アコウダイ
スズキ目カサゴ亜目メバル科メバル属。本書の中でもトップクラスの高級魚です。皮下に厚いゼラチン質の層があって身は熱を通しても硬く締まらずプルプル。釣れた瞬間にヨダレものの美味魚です！

### 生活史

基本的には単独で海底付近に定位し、魚類やイカ類を食べる。しかし一ヵ所で複数尾が掛かる提灯行列が代名詞であることから、条件のいい場所にはアコウが集まると考えられる。産卵期は12～翌4月。卵胎生で、水深200～400mに浮上して3～4mmの仔魚を10～30万尾産む。

### 特徴

背ビレ棘数は13本で、尾ビレ後縁は浅く切れ込み、眼の下に小棘が2本あるなどが特徴。体色は朱一色で腹側はやや銀色がかり、類似した他種との見分けは非常に困難。市場でも厳密な区別がなされないことが多い。

### 主な釣り方

船長の指示に従って、多数のハリがついたドウヅキ仕掛けを順番に落とす。アタリがあってもすぐに上げず、追い食いさせることがコツ。釣りあげる過程の水圧変化で体が膨らみ眼も飛び出すが、多数が掛かるがその浮力で800号のオモリをも持ち上げて海面に次々と浮上する。この「提灯行列」はアコウダイ釣り最大の醍醐味。

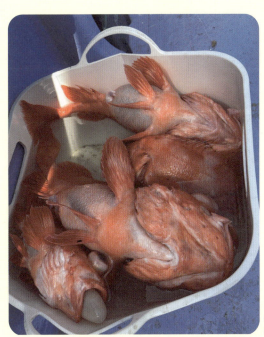

ひと流しで真っ赤な宝石がこんなに。投入回数が少ない釣りなのでトラブルなく投入することが最大のコツです

# 目指せ！深海の最高峰

Love Fishing!

ひと流しで本命を4点掛け！ アフターフィッシングがめちゃめちゃ楽しみになる幸せな瞬間です

　私の住んでいる静岡県の魅力は、日本一深い湾。日本一高い富士山を拝みながら釣りをするのがとても爽快。起伏に富んだ地形で1000種類以上の魚種が生息しているともいわれ、未だに新種が発見されています。そんな深海釣りも楽しめるのが静岡〜御前崎沖。沖から街が見える所でも400 m以上の水深があり、気軽に深海釣りが楽しめるポイントとなっています。

　アコウダイは深海釣りの花形人気ターゲットで、水深350 m程度の深海ポイントで出逢えます。仕掛けはシンプルですが、12 mと長いものになります。仕掛けの1番下のオモリは400号。14号ハリスは幹イトの途中に6本バリが付いています。ムツバリ19号にはカツオのハラモ、サバをエサとして付けます。

　船長の合図で順番に仕掛けを投入。なかなか下までオモリが到達しません。そうこうしてるうちにオモリが海底まで落ちてリールのイトが緩みます。釣り方としては海底に仕掛けを這わせたり、少し上げたり……。ポイントはどんどん移動していくのでこまめに仕掛けを落とし直

一緒に釣れた赤い高級魚たち。上はキンメダイ、下の両端はアカムツ。このほかにもキモカワイイ系の深海メンバーも入ります

アコウダイと一緒に釣れたキンメダイ（中央）やアカムツ（手前）も同じように下処理をする

> 巻き上げ途中から泡が浮いてくるとアコウダイへの期待が高まります。そしてこの提灯行列を見て興奮が最高潮に達します

すのがよく釣る鍵です！

　そうしているとサオにコゴンッという感触がきます。ハリは6本付いているので多点釣りも望めます。

　少しイトを出して他の魚もねらったり、大きなアタリであればそのまま仕掛けを上げてくることもあります。

　底からほんの少し離して、また底に落とし直して、を繰り返していると明確な違和感が！　水深320ｍほどからリールを巻き上げてくると途中から少しサオの抵抗感が弱くなります。これは水圧に弱いアコウダイが釣れた時の特徴で、途中から水面にポコっと泡が出ます。そうして上がってきたのは50㎝ほどのアコウダイ！　アコウダイは群れでいることもあり、赤い提灯のように一荷で釣れることもしばしば。水面まで上げてきたときにポコっとアコウダイが一荷で上がってきた時の嬉しさはたまりません。

　キンメダイやアカムツなどのほかにユメカサゴ、ナワキリ、オキギスなどちょっと見た目はキモカワイイ深海の魚も混じります。これらも脂の乗った魚も多いので、一緒に味わってみてはいかが？

　クーラーに入った真っ赤な高級魚を覗きながらのんびりとした駿河湾を走り帰港しました。

レシピ 01

# アコウダイのエスニック風

アコウダイといえば和食に合いますが、ジューシーなアコウダイですからちょっと変わった味付けで楽しんでみては？

《材料 2 人前》

| | |
|---|---|
| アコウダイ | 200ｇ |
| カボチャ | 100ｇ |
| オイスターソース | 大さじ1 |
| ナンプラー | 小さじ1 |
| 水 | 大さじ3 |
| サラダ油 | 大さじ1 |
| ニンニク | 一欠片 |
| すりおろし生姜 | 適量 |

《手順》

1 アコウダイは一口大に切りわけ、カボチャは食べやすい大きさに切る
2 アコウダイとカボチャに塩コショウを振り揚げ焼きにする。一度フライパンから皿に移す
3 オイスターソース、ナンプラー、水を混ぜる
4 フライパンに油を入れて、ニンニク、すりおろし生姜を香りが出るまで炒める
5 アコウダイ、カボチャと調味料を入れて炒める

レシピ02

# アコウダイのオーブン焼き青ネギクリーム

青ネギ（緑の葉の部分が多く細身のものの総称）の爽やかさとクリームがアコウダイの甘味を引き立てます！ 見た目もゴージャス！

《材料1人前》

| | |
|---|---|
| アコウダイ | 1/4尾 |
| オリーブオイル | 適量 |
| 青ネギ | 4本 |
| 生クリーム | 50cc |
| バター | 10g |
| 塩・胡椒 | 適量 |

《手順》

1 アコウダイはウロコを落とし、三枚おろしにして腹骨をすき、上肋骨を抜き、食べやすい大きさに切り分ける
2 アコウダイにオリーブオイルと塩・胡椒を馴染ませ180℃に熱したオーブンで10分焼く
3 青ネギを刻み、バター、生クリームの入れた鍋で半分くらいの量になるまで煮る
4 ③を滑らかになるまでフードプロセッサーにかけ、濾器で濾す
5 お皿にソースをかけてその上にアコウダイを乗せる。オリーブオイルを少々垂らし、胡椒をまぶして完成

### さかな豆知識
sakana mame chishiki

# マダコ

### 分布
青森県から九州南岸までの日本海・東シナ海・太平洋沿岸、瀬戸内海に分布。

### 大きさ
最大で70cm前後、4kg以上になる。

### 釣期
5〜12月に釣れる。夏場が盛期だが、正月用のタコをねらう年末も賑わう。

| 1 | 2 | 3 | 4 | 5 | 6 | 7 | 8 | 9 | 10 | 11 | 12 |
|---|---|---|---|---|---|---|---|---|----|----|----|

### 棲んでいる場所
水深3〜50mの岩礁域や砂礫底に棲む。

### 生活史
産卵期は5〜10月で、それに先立って交尾を行ない、長径2.5mmの楕円形の卵を数万〜10数万粒産む。房状の卵は藤の花のよう

世界で一番マダコを食べている本人にとって、釣って食べたい上位に来るのがマダコかもしれはエギを使ったルアー釣りが流

## マダコを釣ってみよう

### タコエギング

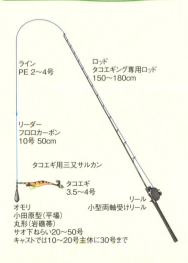

ライン
PE 2〜4号

ロッド
タコエギング専用ロッド
150〜180cm

リーダー
フロロカーボン
10号 50cm

タコエギ用三又サルカン

タコエギ
3.5〜4号

リール
小型両軸受けリール

オモリ
小田原型（平場）
丸形（岩礁帯）
サオ下ねらい20〜50号
キャストでは10〜20号主体に30号まで

**ワンポイント** かつてはイシガニなどのエサを使ったテンヤの手釣りがオーソドックスでしたが、現在はタコエギを使ったキャスティングの釣りが人気です。アオリイカ用のエギに比べてカンナと呼ばれるハリの数が少ない分、とても大きく、底に接する下側にハリがありません。そのため根掛かりしにくく、テンヤの手釣りに比べると広範囲を素早く探れます。ロッドを常に揺らし、海底のエギを動かしながら誘い、乗りを察知したら大アワセで一気に底から引きはがします。

**エサ・擬似餌** エギ（テンヤはイシガニなど）。

テンヤにイシガニを巻いた昔ながらの手釣り仕掛け。この趣が好きというファンも多いですよ

といわれる日
ターゲットの
ません。最近
行中です。

現在はベイトタックルでタコ専用エギを2つセットする釣り方が人気です

マダコ
八腕形目マダコ科マダコ属。漫画やイラストではユーモラスに描かれていることも多いですが、実物はわりと迫力があり、怖いくらいの力持ちです。大物かと思ったら、大きな石を抱いたまま釣れることもあります。

に岩棚などから垂下し、海藤花（かいとうげ）と呼ばれる。
雌はエサを摂らずにふ化まで世話をする。約1ヵ月で稚ダコが生まれると、ほとんどの雌は死亡する。稚ダコは成長に伴って腕の吸盤の数が増える。着底後は底生動物を食べて急成長し、ふ化後7ヵ月で体重1kgを超える。寿命は1歳。日中は岩の下などに隠れている。夜になると巣から這い出てエサを探す。

### 特徴

8本の腕を持ち、体は伸縮性があって非常にしなやか。体表には色素細胞が密集し、瞬時に周囲の色に体色を合わせてカモフラージュすることができる。雌の腕には2列の吸盤がきれいに並び、雄は極端に大きな吸盤が混ざって配列が不揃い。外敵に襲われると墨を吐いて相手の目をくらます。

### 主な釣り方

沖釣りではやはりタコテンヤにイシガニなどをセットして手釣りでねらうテンヤ釣りが主流だったが、最近はタコエギをロッドで扱う釣りが人気。
マダコはアワビやウニなどと同じく第一種共同漁業権魚種に認定されているため、漁業権漁場の中での釣りは密漁になってしまうので注意したい。

人気のエギタコは女性ファンも多いです。2本のエギを使うのでフッキング率も高いですが、根掛かりすると一度に2つのエギをロストしてしまうので精神的ダメージも大きいです

こちらはタコエギにエサ（魚の切り身、豚の脂身など）を巻いたハイブリッドリグ

私は根掛かりロストに備えて堅実にエギ1本スタイルで（笑）

Love Fishing!

# 動く根掛かりのような重みがたまりません！

船からのタコ釣りは九州の有明海、広島湾、大阪湾、東京湾、外房から常磐エリアなどで盛んです。

昔は手釣りのため、基本的には船の真下に仕掛けを落として小突く釣りでしたが、現在はタコ専用エギを使った釣りが主流になり、基本的にはキャストをして広範囲を探る釣りが増えました（根掛かりの多いところではあまり投げずに真下を釣りましょう）。

エギには大きな2本バリがセットされていますが、上手に誘うと根掛かりを回避しやすく、オモリと一体型のリグのため、マダコが抱き着くとその重みがロッドに伝わりやすく、ゲーム性の高い釣りが楽しめます。

エギを小突いたりズル引きしていると、その動きが止まります。根掛かりかな、いや、タコが乗ったかも!? この瞬間がハラハラドキドキです。軽くロッドで聞いてみて、根掛かりしながらもついてくるようならタコの可能性大なので、しっかりラインを巻きとってから大アワセを入れます。

引きは強くありませんが、ずっしりとした重みが快感そのもの。当たり年には二桁釣果もあります！

船上のバケツにタコを入れる際はチャック式の洗濯ネットを使うと逃げ出さずに便利です

レシピ 01

# マダコと春菊のサラダ

生の春菊の苦味とソースの甘酸っぱさ、タコのシャキシャキ感がベストマッチ！ 作ったらすぐが食べ頃です。春菊の残った茎は茹でて他の料理に使ってくださいね。

《材料 2 人前》

| | |
|---|---|
| タコの足 | 4本（50g） |
| 春菊 | 一房（50g） |
| 素焼きのミックスナッツ | 5 g |
| ごま油 | 小さじ 1 |
| 酢 | 小さじ 2 |
| 砂糖 | 小さじ 1 |
| 塩 | ひとつまみ |

《タコの下処理》

1. 釣ったタコならピックやナイフ等で脳天を刺して生き締めにする。氷に当てすぎると固くなってしまうので注意
2. タコは胴体をひっくり返して内臓や墨袋、目玉、カラストンビを取り除いたら粗塩を振ってよく揉んでヌルや汚れを洗い流す

3. 鍋で沸かした湯に足先から入れて、マダコが赤くなるまで3〜5分（大きさによる）茹でる

4. 湯から取り出し、粗熱を取る

《手順》

1. タコの足を4本切り、さらに一口大に切る
2. 春菊は葉の部分を3cmほどに切る。水にさらしてしっかりと水気を切っておく
3. ミックスナッツを粗みじん切りにする
4. ごま油、酢、砂糖、塩を混ぜておく
5. タコ、春菊、ミックスナッツを④のタレとしっかり合わせて完成

レシピ 02

# マダコのルチアーナ風

ルチアーナとはイタリアナポリのサンタ・ルチアの漁師がそう呼ばれていたことからこの料理名となりました。トマトソースの中で溺れたタコと呼ばれることもあるそうです。たっぷりのトマトソースで煮込んでおいて、あとで鍋に残ったソースでパスタを食べるのも漁師達のおすすめだとか。

## 《材料 2 人前》

| | |
|---|---|
| 茹でダコ | 半身 |
| ニンニク | 1 欠片 |
| カットトマト | 350 g |
| 白ワイン | 大さじ 2 |
| 鷹の爪 | 1 本 |
| オリーブオイル | 大さじ 1 |
| パセリ | 適量 |
| 塩 | 適量 |
| ブラックペッパー | 適量 |

## 《手順》

1 フライパンにオリーブオイルとニンニク、タネを取った唐辛子を入れて火にかけ、弱火で香りが出るまで熱する
2 ニンニクの香りがしてきたら、タコを入れて炒める。白ワインを加えて一煮立ちさせる

3 鍋にカットトマトと炒めたタコをオイルと共に入れる。ここでパセリの茎を入れるとよい
4 フタをして、弱火でタコが柔らかくなるまで 30 分以上煮込む

5 フタを取り、汁気を少し飛ばす
6 タコは食べやすい大きさに切り、皿にソースと共に盛り付ける。オリーブオイルをひと回しかけ、きざんだパセリとブラックペッパーを振りかけたら完成

レシピ 03

# マダコのガリシア風

スペインガリシア州の名物料理。実家の近所にあるスペイン料理屋さんで子どもの頃から食べていた思い出の料理。ガリシアではタコがよく獲れるようで祭りの際の料理で多く用いられたそうです。この料理も非常にシンプル。すぐに作れるタパス（小皿）料理として作ってみてください！

《材料 1 人前》

| | |
|---|---|
| 茹でダコ | 100 g |
| ジャガイモ | 1 個 |
| オリーブオイル | 大さじ 1 |
| 塩・胡椒 | 適量 |
| パプリカパウダー | 適量 |
| パセリ | 適量 |

《手順》

1 ジャガイモは皮ごと 1 口大に切ってレンジ（600W なら 3 分）で加熱する

2 タコを食べやすい大きさにカットする
3 フライパンにオリーブオイルを入れジャガイモを炒める。表面がこんがりしてきたらタコを加えてさっと炒め、塩・胡椒で味を整えたらお皿に盛り付ける

4 パプリカパウダーとみじん切りにしたパセリを振りかけたら完成！

# 第6章
# こんな食材も
# ご馳走になります！

最後にご紹介するのは
魚屋さんなどでよく見かける
**あの食材の
愛流おすすめレシピ。**
ここまで読めば、どんなお魚にどんな味付けが合うのかもご理解いただけかと思います。
定番のお魚料理も美味しいですが柔軟なアイデアで海の幸を楽しんでください！

# シラス海苔チヂミ

海苔は日本の焼き海苔でも韓国海苔でもいけます。外はカリッと中はふんわりで、シラスの美味しさが堪能できます。タレの辛さはラー油で調整してください！

《材料 1人前》

【チヂミ】
| | |
|---|---|
| シラス | 50 g |
| 磯海苔 | 2 g |
| 卵 | 1個 |
| 水 | 100ml |
| 小麦粉 | 50 g |
| 片栗粉 | 50 g |
| 塩 | ひとつまみ |

【タレ】
| | |
|---|---|
| ポン酢 | 大さじ2 |
| ごま油 | 小さじ1 |
| ラー油 | 適量 |
| 豆板醤 | 小さじ1/4 |
| 白ごま | ひとつまみ |

《手順》

1 ボウルで小麦粉、片栗粉、水、卵を混ぜ合わせる。ならない状態になったら引き上げる

2 そこにシラスと磯海苔を加えてさっくり混ぜ合わせる

3 フライパンにごま油を中火で熱し、生地を広げて焼く

4 片面がきつね色に焼けたら、上下を返し、両面キツネ色になるまで焼く

5 タレの材料をすべて混ぜ合わせたら、チヂミをヘラなどで食べやすい大きさにカットして、タレに漬けて食べる

247

# 明太子とジャガイモのガレット

ジャガイモの澱粉質でくっつくので繋ぎは入れません。今回は14cmの小さなフライパンで焼いていますが、大きめのフライパンでしたら厚さ1cmくらいで丸く成形してください。千切りは細ければ細いほどきれいに焼けます。ゆっくり弱火で焼くことがポイントで朝ご飯にぴったり。辛いのが苦手な方はタラコでチャレンジしてみてくださいね。

《材料 2 人前》

| | |
|---|---|
| 明太子 | 1腹（50g） |
| ジャガイモ | 2個 |
| 塩・胡椒 | 適量 |
| サラダ油 | 大さじ3 |

《手順》

1 明太子はスプーンなどで身をほぐす

2 ジャガイモは皮をむき、スライサーで薄くスライスし、包丁でせん切りにする

3 塩をかけるとジャガイモから水分が出てくるので取り除く

4 明太子とジャガイモを合わせる

5 フライパンにサラダ油を引き、ジャガイモを全体に広げ入れる。強火でパチパチと音がするまで焼き、その後中火にし、こんがりと焼き色がつくまで7分ほど焼く

6 フライ返しでひっくり返す。サラダ油大さじ2をフライパンの縁から回し入れたら焼き色がつくまで7分ほど焼く

7 切り分けて器に盛り、塩と胡椒を振る

# サケのミルクスープ

材料は生鮭でも塩鮭でもOKですが、塩鮭の場合は塩加減に気をつけてください。寒い夜、ホッコリとなりたい時に作っていただきたい料理です。

## 《材料2人前》

| | |
|---|---|
| サケ | 150g |
| タマネギ | 1/4個 |
| カブ | 2個 |
| 牛乳 | 300ml |
| 水 | 100ml |
| 顆粒和風だし | 小さじ1 |
| 味噌 | 大さじ1 |
| バター | 10g |
| 小麦粉 | 適量 |
| 塩・胡椒 | 適量 |

## 《手順》

1. サケは一口大に切り、塩・胡椒、小麦粉の順にまぶす

2. タマネギは薄切りに、カブは皮をむき一口大に切る
3. バターでサケを焼く

4. 両面焼けたら皿に移してタマネギとカブを炒める

5. 鍋に牛乳、水、顆粒和風だしを入れふつふつと沸いたら味噌を溶かす
6. サケ、タマネギ、カブを戻して塩・胡椒で味を整えたら完成

# 赤魚のナゲット

赤魚は骨を抜いた状態でスーパーに置いてあることが多く使いやすい魚です。冷凍庫に赤魚を常備しておけばすぐ作れちゃいますしパクパク食べられるのでオススメです。剥いだ皮も丸揚げにしてサクサク食べましょう！

《材料 2人前》

| | |
|---|---|
| 赤魚 | 250g |
| 卵 | 1個 |
| 塩 | 小さじ1 |
| 薄力粉 | 大さじ4 |
| マヨネーズ | 大さじ2 |
| 粉チーズ | 小さじ1 |
| 顆粒コンソメ | 小さじ1 |
| ニンニクチューブ | 2cm程度 |
| 油 | 適量 |

【オーロラソース】

| | |
|---|---|
| マヨネーズ | 大さじ2 |
| ケチャップ | 大さじ1 |

《手順》

1 赤魚は皮を剥ぐ

2 フードプロセッサーにすべての材料を入れて粗めに挽く。フードプロセッサーがない場合はまな板の上で叩きにするように混ぜていく

3 180℃の油でキツネ色になるまで揚げる。スプーン2つでまとめながら落とすとやりやすい

4 マヨネーズとケチャップを混ぜてオーロラソースを作って完成

# サクラエビの和風パスタ

### 《材料 2 人前》

| | |
|---|---|
| サクラエビ | 20 g |
| オリーブオイル | 大さじ1 |
| ハーブミックス | 適量 |
| 大葉 | 3 枚 |
| 醤油 | 小さじ1 |
| バター | 5g |
| 水 | 大さじ3 |
| パスタ | 100 g |

### 《手順》

1. オリーブオイルで半分の量のサクラエビを炒めて香りを出す
2. 醤油、バター、水を入れてよく混ぜ合わせる
3. 茹でたパスタを和える
4. 刻んだ大葉と生のサクラエビを乗せて完成

私の住んでいた焼津大井川港では春と秋にサクラエビ漁が行なわれます。獲りたてのサクラエビは生でも美味しいですが、油と炒めることで香ばしさと甘味が引き出されます。乾燥サクラエビでも美味しいですよ。

# ヒイカの可愛い小イカ飯

ヒイカはスーパーマーケットでは「小イカ」とか「ジンドウイカ」の名前で何杯かまとめて売られていることが多い小型のイカです。ちっちゃいイカ飯は見た目が可愛い！冷やご飯を使っているので失敗もなく簡単です。バターのコクが決め手！

《材料2人前》

| | |
|---|---|
| ヒイカ | 16 杯 |
| 冷やご飯 | 300 g（2 杯分） |
| 醤油 | 大さじ 2 |
| みりん | 大さじ 3 |
| 酒 | 大さじ 1 |
| 砂糖 | 大さじ 1 |
| 水 | 100ml |
| バター | 10 g |

《手順》

1 ヒイカは水洗いし、ワタを引き抜く。軟甲も取り除く

2 目のすぐ下を切り、ゲソは2本ずつくらいに切り分ける

3 醤油、みりん、酒、砂糖を混ぜ合わせる

4 冷やご飯を少し温めて、③を大さじ2くらいとバターを混ぜ合わせる

5 ヒイカの胴体にご飯を詰める。ぎゅっと押し込んだら爪楊枝で留める

6 鍋に③と水を入れ強火で沸かす

7 ヒイカの胴体とゲソを入れ、強火で煮汁にとろみがつくまで熱する

# スナックワカメ

ワカメで簡単におつまみができちゃいます。コンソメ以外にも鶏がらスープの素やほりにしなど色々なフレーバーでお楽しみください！

### 《材料1人前》

| | |
|---|---|
| 乾燥ワカメ | 2g |
| （生ワカメなら 20g） | |
| 片栗粉 | 大さじ2 |
| 油 | 大さじ3 |
| 粉コンソメ | 適量 |

### 《手順》

**1** ワカメを3分ほど水で戻してキッチンペーパーでしっかりと水気を切る

**2** 片栗粉をまぶす

**3** フライパンに油を敷き中火で揚げ焼きにする

**4** しっかり油を切ってコンソメを塗したら完成

あとがき

と、いうわけで私の趣味の結晶をお楽しみいただけましたでしょうか。

私もまだまだ「未知の魚」が残っているのでこれからも私の釣りと魚料理を求める旅は続きます。

この本を作るにあたり沢山の方々にご協力をいただきました。

一緒に釣りに行ってくれた親友たち。
料理を教えてくれた偉大なシェフ。
私の拙い文をこんな素敵な本にまとめてくださったつり人社の皆様。

感謝してもしきれません。

この本を手に取ったすべての方へ
釣りライフ、魚ライフに幸あれ！

ありがとうございました！

三浦愛

# 魚名・食材 INDEX

| | |
|---|---|
| アイゴ | 173 |
| アオリイカ | 154 |
| 赤魚 | 250 |
| アカムツ | 230 |
| アコウダイ | 234 |
| アジ | 026 |
| アマダイ | 194 |
| イサキ | 200 |
| イワシ（カタクチイワシ・マイワシ・ウルメイワシ） | 038 |
| オニカサゴ | 226 |
| カサゴ | 046 |
| カマス | 106 |
| カワハギ | 176 |
| クロダイ・キビレ | 118 |
| コノシロ | 166 |
| ゴンズイ | 170 |
| サクラエビ | 251 |
| サケ | 249 |
| サバ・ソウダガツオ | 126 |
| サヨリ | 122 |
| サワラ | 204 |
| シラス | 247 |
| シロギス | 054 |
| スズキ | 142 |
| タチウオ | 148 |
| テナガエビ | 070 |
| ニジマス | 086 |
| ネンブツダイ | 164 |
| ハゼ（マハゼ） | 062 |
| ハタ | 220 |
| ヒイカ | 252 |
| ヒイラギ | 168 |
| ヒラメ | 134 |
| ブリ | 208 |
| ベラ | 172 |
| マグロ（キハダ・ビンナガ） | 212 |
| マゴチ | 138 |
| マダイ | 186 |
| マダコ | 235 |
| メジナ | 112 |
| メバル | 098 |
| 明太子 | 248 |
| ワカサギ | 078 |
| ワカメ | 253 |

### 三浦愛（みうら・あい）

海無し県出身。大学、大学院にて海洋生物学を専攻。卒業後は静岡県内の大手釣具チェーン店に就職。退職後イタリアに料理留学。海沿いのレストランにて魚料理を学ぶ。帰国後、焼津市地域おこし協力隊として活動。現在は浜松市在住。調理師免許、小型船舶免許1級（特定有）、遊漁船業務主任者、海上無線、アマチュア無線、潜水士、危険物取扱免許乙種、防火管理者など多彩な資格を持つ。

［参考文献］
「特徴　仕掛け　さばき方」が分かる672頁超図鑑
さかな・釣り検索（つり人社））

---

## サッと作れて本格派！
## 鮮魚料理のすすめ
## とれたて魚で簡単ごちそうレシピ

2025年5月1日発行
著　書　三浦愛
発行人　山根和明
発行所　株式会社つり人社
〒101-8408 東京都千代田区神田神保町1-30-13
TEL.03-3294-0781（営業部）
TEL.03-3294-0766（編集部）
印刷・製本　シナノ書籍印刷株式会社

乱丁・落丁などがありましたら、お取り替えいたします。
©Ai Miura 2025.Printed in Japan
ISBN978-4-86447-751-2 C2075

つり人社ホームページ　https://tsuribito.co.jp/
つり人社オンライン　https://web.tsuribito.co.jp/
アンスト（ジャパンアングラーズストア）　https://japananglersstore.com/
釣り人チャンネル（YouTube）　https://www.youtube.com/channel/UCOsyeHNb_Y2VOHqEiV-6dGQ

本書の内容の一部や全部を無断で複写複製（コピー・スキャン）することは、法律で認められている場合を除き、著作権および出版社の権利の侵害になりますので、その場合にはあらかじめ小社あてに許諾を求めてください。